LA

PAUVRE FILLE,

MÉLODRAME EN CINQ ACTES,

PAR

M. Anicet Bourgeois,

REPRÉSENTÉ POUR LA PREMIÈRE FOIS A PARIS, SUR LE THÉATRE DE LA PORTE-SAINT-MARTIN, LE 15 MARS 1838.

PARIS.
MARCHANT, ÉDITEUR,
12, BOULEVART SAINT-MARTIN.

1838

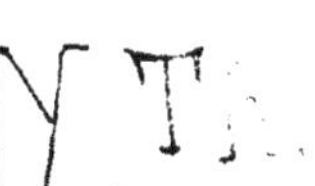

PERSONNAGES.	*ACTEURS.*
DELANNOYE	M. Raucourt.
FRANCIS BAUDOUIN	M. Jemma.
SAMUEL	M Tournan.
MARCELLIN	M. Marius.
SIMON	M. Charles C.
LAPIERRE	M. Vissot.
GEORGES	M. Albert.
UN GUICHETIER	M. Héret.
UN OFFICIER DE MARÉCHAUSSÉE	M. Eugène.
UN EXEMPT DE POLICE	M. Hippolyte.
MARIE	Mlle Théodorine
Mme GARIN	Mlle Georges C.
VICTORINE	Mme Astruc.
MICHELETTE	Mlle Mélanie.

Personnages muets.

Un Magistrat.

Quatre exempts.

Quatre Cavaliers de Maréchaussée.

Un Domestique.

Un Secrétaire.

Paysans *et* Guichetiers.

L'action se passe au commencement de 1788.

LA

PAUVRE FILLE,

MÉLODRAME EN CINQ ACTES.

PETITE PRÉFACE.

Mélodrame!!! ce mot imprimé sur l'affiche du théâtre de la Porte-Saint-Martin a paru presque étrange. En effet, le mélodrame était oublié, toutes les scènes qu'il a jadis enrichies le repoussent aujourd'hui. Les théâtres de la Gaîté, de l'Ambigu, des Folies-Dramatiques, Saint-Antoine, voire même le théâtre de M. Dorsay ne jouent plus que du *drame;* le drame est partout. Au moment de suivre encore une fois le torrent et de parer ma *Pauvre Fille* de cette dénomination universelle de drame, un remords m'a pris. Le mélodrame m'avait autrefois compté parmi ses plus chauds partisans; je me suis souvenu que mon digne collaborateur, mon premier maitre en l'art dramatique, Victor Ducange, intitulait modestement mélodrames *Calas*, *Thérèse*, *le Joueur*, *Il y a seize ans*, *Sept heures*, *le Couvent de Tonnington*, etc.; j'ai regardé autour de moi, j'ai vu que personne n'avait daigné prendre la place que Ducange a trop tôt laissée vide. J'ai pensé que le mélodrame ne devait pas mourir avec un homme; j'ai essayé de le faire revivre. Si quelque confrère imite mon exemple, puisse-t-il avoir aussi pour interprètes Théodorine, Raucourt et Jemma, et pour aide l'indulgence du public!

ANICET BOURGEOIS.

ACTE PREMIER.

Un salon. Au fond, un autre salon éclairé par des candélabres.

SCÈNE PREMIÈRE.

LAPIERRE, GEORGES.

Au lever du rideau, Georges allume les candélabres qui sont au-dessus de la cheminée.

LAPIERRE, *qui le regarde faire et qui est assis.*

Eh bien! Georges, avances-tu?

GEORGES.

Oui ; mais cela irait plus vite si monsieur Lapierre voulait m'aider un peu. Pour quelle raison me laisses-tu tout faire ?

LAPIERRE.

La raison? la voilà. C'est que tu arrives et que je pars.

GEORGES.

Comment! tu quittes le service de M. le baron ?

LAPIERRE.

Je ne suis pas assez amoureux de ma profession pour l'exercer gratis.

GEORGES.

Hein? M. le baron ne paie pas ses gens?

LAPIERRE, *se levant.*

M. le baron m'a tout l'air d'être un chevalier d'industrie. Tu vas en juger : d'abord cet hôtel n'est pas à lui : le concierge me l'a dit ; de plus M. le baron en agit avec le propriétaire comme avec sa livrée, et le propriétaire a, ce matin même, donné congé à M. le baron.

GEORGES.

Tu m'as dit qu'on jouait beaucoup ici ; il doit y avoir de bons profits : rien de plus généreux qu'un joueur quand il a gagné.

LAPIERRE.

Oui; mais on ne gagne jamais dans cette maison, et cela finira mal. Avant-hier un jeune homme qui avait perdu, à ce qu'il paraît, une somme considérable, s'est fâché ; oui, il a fait un éclat et a menacé M. le baron.

GEORGES.

D'un duel?

LAPIERRE.

Non; du lieutenant de police.

GEORGES.

Diable!

LAPIERRE.

Certain qu'il n'y a rien de bon à attendre au service de M. le baron, je déloge ce soir.

GEORGES.

J'ai bien envie d'en faire autant. Chut!

SCÈNE II.

LES MÊMES, FRANCIS*.

FRANCIS, *à la cantonnade.*

Vous m'avez entendu : je veux que rien ne manque; le bal brillant, le souper splendide. (*A Lapierre.*) Que faites-vous là ? votre place n'est-elle plus à l'antichambre?

LAPIERRE, *bas à Georges.*

Quelle assurance!

* Francis, Lapierre, Georges.

FRANCIS.

Eh bien!

LAPIERRE.

Pardon, monsieur le baron; mais, si vous le permettez, je passerai seulement par votre antichambre.

FRANCIS.

Que voulez-vous dire?

LAPIERRE.

J'annonce à monsieur le baron que je quitte ce soir même son service. (*Avec insolence.*) Je crois qu'il est inutile de rappeler à monsieur le baron qu'il m'est dû deux mois de gages, et...

FRANCIS, *lui jetant une bourse.*

Sortez.

LAPIERRE, *surpris.*

Cette bourse...

FRANCIS.

Est à vous.

LAPIERRE, *la ramassant et l'ouvrant.*

Mais elle contient trois fois plus que ne me doit monsieur le baron.

FRANCIS.

Allons, paix, drôle. Je n'ai pas l'habitude de compter avec mes gens

GEORGES, *bas à Lapierre.*

Et tu quittes une condition comme celle-ci?

LAPIERRE.

J'ai peur de m'être trompé.

FRANCIS, *à Lapierre.*

Eh bien!... (*A Georges.*) Approche. Comment te nommes-tu?

GEORGES, *humblement.*

Georges.

FRANCIS.

J'attends ma fille qu'on est allé chercher à son couvent; tu l'amèneras ici aussitôt qu'elle arrivera; tu feras conduire dans le petit appartement du second les faiseuses de modes que j'attends. Va.

Ils sortent.

SCÈNE III.

FRANCIS, *seul.*

La misère se devinait sous l'habit brodé. Sans ce jeune fou qui est venu jeter l'autre soir dix mille livres à mon pharaon, le masque tombait. Ces dix mille livres, prodiguées adroitement, rétabliront mon crédit. Je puis enfin donner la fête dont j'avais besoin pour présenter Marie, Marie, tout mon espoir à présent. Elle promettait d'être bien belle.

SCÈNE IV.

FRANCIS, GEORGES, MARIE.

GEORGES, *annonçant.*

Mlle Marie.

MARIE, *courant à son père, qui lui tend les bras.*

Mon père !

FRANCIS, *après l'avoir embrassée, la regarde avec attention ; à part.*

Grâce au ciel, elle a tenu parole.

Sur un signe de Francis, Georges approche des siéges et se retire.

MARIE.

Je disais bien que mon père ne pouvait pas m'avoir oubliée.

FRANCIS.

Oubliée ! vous, mon unique enfant ?

MARIE.

Mes compagnes me répétaient chaque jour : Comment ! depuis douze années, pas une visite, pas une lettre de ta famille ? mais on t'a abandonnée ici. Puis quelques-unes ajoutaient que la supérieure ne touchait pas le prix de ma pension, qu'on me gardait par charité. Oh ! j'ai pleuré bien souvent.

FRANCIS.

Des chagrins de famille, des revers de fortune m'ont forcé de quitter la France ; tant que j'ai été malheureux, je n'ai pas voulu vous associer à mon sort ; aujourd'hui que ma situation a changé, que des jours meilleurs sont venus, je vous ai appelée.

MARIE.

Vous m'avez faite bien heureuse. Quand je retournerai au couvent, vous m'accompagnerez, n'est-ce pas, mon père ? Je veux que toutes ces dames vous voient.

FRANCIS.

Vous n'irez plus au couvent. (*Mouvement de surprise de Marie.*) Écoutez-moi, mon enfant. (*Ils s'asseyent.*) Je devine à peu près ce qu'était votre existence au monastère.

MARIE.

Prière et travail.

FRANCIS.

Une vie tout autre va commencer pour vous, et celle-là peut aussi se résumer en deux mots : plaisirs et joies. Vous avez dix-huit ans, Marie ; à cet âge on se doit au monde. Je vous présenterai ce soir à mes amis.

MARIE.

Ce soir !

FRANCIS.

Vous avez dû voir, en traversant les salons, que tout y était préparé pour une fête ; et cette fête, c'est pour vous que je la donne.

MARIE.

Pour moi ?

* Francis, Marie.

GEORGES, *au fond.*

Monsieur, les faiseuses de modes attendent mademoiselle.

FRANCIS.

C'est bien. Le joaillier Samuel n'est pas encore venu?

GEORGES.

Non, monsieur.

FRANCIS.

Dites à la femme de chambre de venir chercher mademoiselle. (*Georges se retire; à Marie.*) Vous allez vous occuper de votre toilette.

MARIE.

Un bal, une fête, à peine arrivée! J'avais tant de choses à vous dire mon père! puis paraître seule au milieu de tout ce monde, si j'avais encore ma mère...

FRANCIS.

Allons, Marie; ma fille, voulez-vous donc assombrir par de tristes pensées ce gracieux visage dont je suis fier vraiment?

MARIE.

Vous me trouvez jolie, mon père?

FRANCIS.

Vous serez ce soir merveilleusement belle! pour cela il faudra quitter, avec ce sévère costume, ces habitudes, ces manières excellentes d'ailleurs, mais qui rappellent un peu trop l'austérité du cloître, et qui ne conviennent point à votre nouvelle position. A la place de cette lourde mante, je veux voir briller les perles, les pierreries qui, tout en ornant votre visage, au moins ne le cacheront pas. Je veux qu'une toilette de bal, riche, légère, remplace cette simple robe de bure; enfin, Marie, je veux que vous deveniez séduisante. Ah! je vous ai prévenue qu'il s'agissait de commencer une vie nouvelle. Ce n'est plus le couvent avec son recueillement, sa monotonie, sa solitude; c'est le monde, avec ses attraits, ses plaisirs, mais aussi avec ses exigences, ses tyrannies; il faut s'y soumettre, Marie. Écoutez encore, j'ai des ennemis, mon enfant.

MARIE.

Vous?

FRANCIS.

Oui; n'étant pas assez puissant pour les braver en face, j'ai dû les ménager, et j'ai compté sur vous pour m'aider à me créer des protecteurs. Soyez donc, avec les personnes que vous verrez ce soir dans mes salons, gracieuse; et enjouée. Les femmes, Marie, ont une grande puissance dans la société, un mot, un sourire les font souvent triompher là où l'homme le plus habile vient échouer honteusement. Tout ce que vous entendez vous étonne, vous effraie peut-être?

MARIE.

Je l'avoue.

FRANCIS, *la prenant dans ses bras.*

Enfant, (*ici la femme de chambre paraît*) ne crains rien; cours te faire bien belle, je le veux.

Marie, après avoir embrassé son père, sort avec la femme de chambre.

SCÈNE V.

FRANCIS, GEORGES, *puis* SAMUEL.

FRANCIS, *la regardant sortir.*

asard ! je te remercie, tu m'as donné précisément la fille qu'il me fallait.

GEORGES

M. Samuel

FRANCIS.

Enfin... (*Samuel entre*, Georges va sortir.*) Le grand salon est-il éclairé?

GEORGES.

Oui, monsieur.

FRANCIS.

Vous ferez passer les personnes invitées par la galerie, cette salle ne servira que de dégagement

GEORGES.

Cela suffit, monsieur.

Il sort.

FRANCIS, *à Samuel**.*

J'ai cru qu'il faudrait vous envoyer chercher; vous auriez été plus exact, honnête Samuel, si, au lieu d'un écrin à prêter, il s'était agi d'un écrin à recéler ou à acheter à vil prix. M'apportez-vous la parure que je vous ai demandée?

SAMUEL.

A tout hasard je l'ai prise sur moi; mais quel usage en voulez-vous faire? Je vous vois occupé d'un bal, d'une fête... Vous ne savez donc pas ce qui se passe?

FRANCIS.

Montrez-moi la parure.

Samuel lui passe l'écrin.

SAMUEL.

René est venu tantôt chez moi.

FRANCIS.

René?

SAMUEL.

Pour n'avoir plus rien à craindre de la police, vous le savez, René s'était donné à elle corps et ame; hier encore, il était commis chez le lieutenant de police.

FRANCIS, *regardant les bijoux.*

Est-ce qu'il abjure sa nouvelle religion?

SAMUEL.

A peu près; pour compléter honorablement sa fortune, il se fait intendant.

FRANCIS.

C'est une heureuse idée; mais que m'importe tout cela?

* Samuel, Georges Francis.

** Samuel, Francis.

SAMUEL.

Attendez ; René s'est toujours intéressé à son ancien camarade, Francis Baudouin : il n'a pas oublié que vous fîtes ensemble vos coups les plus hardis ; enfin René a appris que le fils de M. le lieutenant avait passé par vos mains, et qu'il en était sorti parfaitement dépouillé.

FRANCIS.

Comment ! ce jeune homme est le fils du lieutenant de police ? C'est délicieux !

SAMUEL.

Je ne dis pas le contraire ; mais le jeune homme, furieux, a porté plainte à son père, et ceci pourrait bien faire déborder le vase déjà trop plein.

FRANCIS.

Demain j'irai voir ce jeune fou, et tout s'arrangera ; mais aujourd'hui laissez-moi m'occuper de ma fille.

SAMUEL.

Votre fille ? Ah ! la petite Marie.

FRANCIS.

Sans doute ; c'est pour elle que je vous ai demandé cette parure.

SAMUEL.

Écoutez, Francis, les relations qui ont existé jadis entre nous ne me permettaient pas de vous refuser ce petit service.

FRANCIS.

Parbleu, je le crois bien.

SAMUEL.

Mais je vous préviens que je ne puis vous prêter ces bijoux que pour cette nuit ; René m'a obligeamment averti qu'on me voyait d'un assez mauvais œil ; demain je quitte Paris et vais continuer mon commerce de bijouterie à Troyes, mon pays natal.

FRANCIS.

Vous êtes prudent, maître Samuel : c'est pour cette nuit surtout que cette parure m'était nécessaire. (*Appelant*.*) Georges, portez cet écrin à mademoiselle.

SAMUEL, *avec inquiétude.*

Un moment. (*Bas à Francis.*) Êtes-vous bien sûr de ce valet ?

FRANCIS.

Comme de vous. Allez, Georges.

Il fait signe à Georges de sortir ; celui-ci s'éloigne.

SAMUEL, *voulant le suivre.*

C'est possible ; mais j'aurais préféré porter moi-même...

FRANCIS, *le retenant.*

Samuel, pas de ces mauvaises pensées-là ; demain, après le bal, je vous rendrai ces diamans.

SAMUEL.

Soit ; si vous le voulez, je resterai cette nuit ici, je serais bien aise de voir l'effet de ma parure aux lumières ?

* Samuel, Georges, Francis.

FRANCIS.

Vous avez toujours été le plus soupçonneux des fripons, monsieur le joaillier.

SAMUEL.

Et toujours bien m'en a pris, monsieur le baron.

GEORGES, *entrant**.

Le grand salon se remplit de monde.

FRANCIS.

Fort bien.

GEORGES.

Mademoiselle est prête.

FRANCIS.

Je vais la chercher et la présenter à mes amis. Suivez-moi, Samuel; après quinze ans vous devez être curieux de revoir ma fille.

SAMUEL.

Certes. (*A part.*) Je ne la perdrai pas de vue de toute la nuit

Ils sortent.

SCÈNE VI.

GEORGES, *puis* DELANNOYE.

GEORGES.

Décidément, Lapierre a fait une sottise; c'est une excellente maison que celle-ci.

DELANNOYE**.

Ah! on respire ici du moins.

GEORGES.

Monsieur ne reste pas au salon?

DELANNOYE.

Je viens dans cette maison pour y chercher une personne qui n'est point encore arrivée, et j'attendrai dans cette pièce, si cela est possible.

GEORGES.

Oh! très-possible, monsieur.

DELANNOYE.

Dis-moi, mon garçon, es-tu depuis long-temps au service de...

GEORGES.

De M. le baron.

DELANNOYE, *avec un sourire*.

Oui, de M. le baron.

GEORGES.

Depuis hier.

DELANNOYE.

Allons, il faut que je m'assure par moi-même...

* Samuel, Francis, Georges.

** Delannoye, Georges.

GEORGES.

Pardon, monsieur, je suis nécessaire là-bas, on va dresser les tables pour le pharaon.

Il sort.

SCÈNE VII.

DELANNOYE.

Le pharaon! C'est bien au pharaon de M. le baron de Romray que devait se rendre Émile Garin, l'unique enfant de ma pauvre sœur, qui me l'a confié. A la veille de prendre du service, Émile a voulu connaître Paris; nous y sommes depuis un mois à peine, et déjà il essaie de tromper ma surveillance; il passe les nuits hors de mon hôtel. Ce matin j'ai surpris dans sa chambre cette lettre d'invitation pour la soirée de M. de Romray; informations prises, cette maison n'est qu'un infâme tripot; j'ai résolu d'y venir surprendre Émile, et de l'en arracher avant qu'il puisse s'y compromettre. Je vois d'ici ce qui se passe dans le salon, et je reconnaîtrai bien vite Émile quand il se présentera. Quelle est donc cette nouvelle arrivée autour de laquelle tous ces jeunes débauchés s'empressent? Elle semble embarrassée, effrayée même de son triomphe. Seule parmi toutes ces femmes, celle-là peut-être conserve encore un reste de honte, un souvenir de sa vertu passée. Elle est si jeune encore! mais elle lutte en vain, le premier pas vers l'abîme est fait, elle y tombera.

Bruit dans le salon voisin; Marie, en toilette de bal, mais pâle, troublée, semble s'échapper du salon.

SCÈNE VIII.

DELANNOYE, MARIE.

MARIE

Laissez-moi, laissez-moi. (*Des éclats de rire lui répondent dans le salon, dont elle a fermé la porte.*) Ils vont me poursuivre jusqu'ici. (*Apercevant Delannoye.*) Un vieillard! (*Courant à lui.*) Monsieur, je viens de me trouver tout-à-l'heure seule, perdue au milieu d'hommes qui ont forcé mes yeux de se baisser, au milieu de femmes qui ont forcé mon front à rougir; j'étais, je vous le répète, seule, perdue au milieu de tout ce monde; je n'avais ni le regard d'une mère pour me protéger, ni le bras d'un père pour me défendre. Monsieur, vous avez des enfans, une fille peut-être? Au nom de vos enfans, de votre fille, défendez-moi, monsieur, défendez-moi!

DELANNOYE, *à part, avec défiance.*

De la part d'une femme qui volontairement s'est rendue dans cette maison un pareil effroi doit me surprendre. (*L'examinant.*) Et pourtant cet effroi n'est point joué... non, vous êtes pâle et tremblante... Veniez-vous donc dans cette maison pour la première fois?

MARIE.

Oui, monsieur.

DELANNOYE.

Vous la connaissiez cependant?

MARIE, *avec surprise.*

Mais, monsieur, cette maison ..

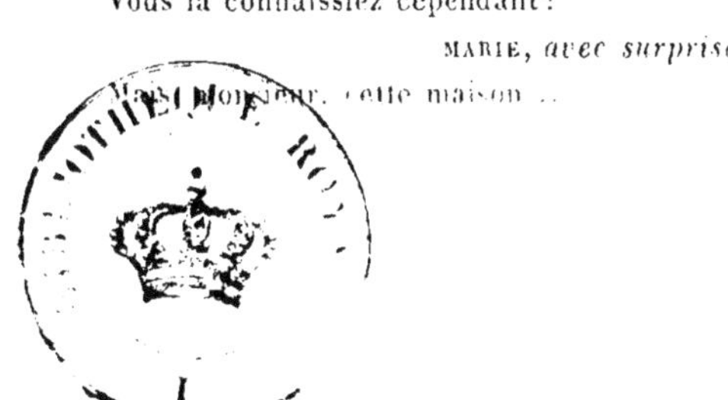

DELANNOYE.

Vous saviez qu'une femme jeune et belle s'y devait perdre en y mettant le pied.

MARIE.

Que dites-vous?

DELANNOYE.

Vous saviez que cette maison, depuis long-temps signalée aux autorités, est un gouffre où s'engloutissent ensemble et la fortune et l'honneur de ceux qui en franchissent le seuil... vous saviez cela, mademoiselle, et vous y êtes venue?

MARIE.

Je doute si je veille... je crois être folle en vous écoutant. Vous me trompez, monsieur, ou l'on vous a trompé vous-même : cette maison est celle de mon père.

DELANNOYE.

De votre père?... et c'est lui qui vous a introduite dans ce salon d'où la pudeur vous a fait sortir? Et votre mère ne vous a pas défendue? votre mère ne vous a pas arrachée de ses mains?

MARIE.

Ma mère est morte, monsieur, je ne l'ai jamais connue; mais le ciel qui veillait sur la pauvre orpheline lui avait donné une seconde mère dans la supérieure du couvent des Ursulines. Ah! pourquoi m'en a-t-on séparée?

DELANNOYE.

Vous étiez au couvent des Ursulines de Provins?

MARIE.

Oui, monsieur; c'est là que je fus élevée, je n'en suis sortie qu'aujourd'hui.

DELANNOYE.

Aujourd'hui?

MARIE.

A peine arrivée, mon père a exigé...

DELANNOYE.

Que vous parussiez à cette scandaleuse fête, et que vous y vinssiez parée comme ces femmes effrontées qui attendent là les miettes honteuses qui tombent pour elles des tables de jeu... et Dieu a permis qu'un pareil homme fût père! et Dieu lui a laissé son enfant.

MARIE.

Monsieur, mon père m'aime, et il ne savait pas, sans doute..

DELANNOYE.

Vous allait-il voir souvent, votre père? (*Silence de Marie. Continuant à part.*) C'est cela, il ne s'est souvenu qu'il avait une fille qu'en se souvenant qu'elle était belle... l'infâme! (*Haut.*) Pauvre enfant! je conçois maintenant votre gêne, votre effroi au milieu de ces hommes dépravés de ces femmes plus dépravées encore, qui riaient de votre embarras et de votre terreur. Rassurez-vous, je vous rendrai, moi, aux soins de cette seconde mère qui forma votre ame à la vertu, je vous rendrai à elle avant qu'on ait détruit son ouvrage.

MARIE.

Monsieur, je ne puis croire que mon père soit indifférent pour sa fille à ce point qu'il l'ait ainsi volontairement compromise... mais je crois que je ne suis pas faite pour le monde. Obtenez, monsieur, obtenez de mon père qu'on me reconduise au couvent, et vous aurez assuré le repos et le bonheur de la pauvre Marie.

DELANNOYE.

Vous retournerez au monastère dès demain, dès ce soir peut-être. Si votre père refusait le consentement que vous allez lui demander, je vous donnerai le moyen de vous soustraire à sa dangereuse autorité.

MARIE.

Désobéir à mon père!

DELANNOYE.

Peut-être en faudra-t-il avoir le courage. Je vais solliciter des magistrats l'autorisation de vous ramener provisoirement à votre couvent. (*A part.*) Pour l'obtenir, je n'aurais qu'à nommer son père.(*Haut.*) En attendant mon retour, entrez dans votre chambre, quittez cette parure qui ne convient pas à une honnête fille, refusez surtout de reparaître dans ce salon; s'il le faut, enfermez-vous. Cette nuit même j'aurai remis à votre père l'ordre de vous laisser reconduire au couvent

MARIE.

Oh ! monsieur!

DELANNOYE.

Sans adieu, mon enfant. (*Entr'ouvrant la porte du salon et regardant quelques secondes.*) Je n'aperçois pas Émile Garin. Allons, vous me reverrez avant une heure.

Il sort.

SCENE IX.

MARIE, *puis* FRANCIS.

MARIE.

Désobéir à mon père! le quitter! l'oserai-je jamais! pourtant il ne m'aime pas, mon père, non, il ne m'aime pas. (*Se regardant dans une glace.*) Ah! je me fais honte avec cette parure.... si j'avais eu ma mère, elle ne m'aurait pas laissée paraître ainsi aux regards de ces hommes, elle eût éloigné de moi ces femmes aux bras desquelles mon père a voulu me jeter... si j'avais encore ma mère, je lui dirais : Vous aussi, vous avez des droits sur votre enfant, sauvez-la, ma mère, sauvez-la.

FRANCIS, *entrant et tenant un papier à la main**.

Demain, chassé honteusement de cet hôtel, si je ne trouve pas ce soir, ce soir même tout l'argent qu'on me demande.

MARIE, *à part.*

Mon père! il me fait peur à présent!

FRANCIS.

Oui, oui, demain, pour satisfaire mes créanciers, pour échapper au lieu-

* Marie, Francis.

tenant de police, il me faudra de l'or, beaucoup d'or... Que vois-je? vous ici, Marie! Que signifie ce désordre? M'expliquerez-vous par quel bizarre caprice vous avez quitté les salons pour venir vous cacher ici?

MARIE.

Pardon, mon père, il m'en coûtera de vous désobéir, de manquer ainsi au respect que je vous dois; mais je ne rentrerai plus dans ce salon.

FRANCIS.

Y pensez-vous, Marie?

MARIE.

Car dans ce salon je retrouverais encore cet homme dont le regard m'épouvantait. Il me poursuivrait encore de son insupportable empressement. Je ne connais pas le monde, mon père; mais s'il est tel partout que je viens de le voir, je le hais et je veux le fuir. Il se peut que ces hommes et ces femmes qui m'effraient aient voulu seulement rire de mon inexpérience, il se peut que tout ce qu'on m'a dit d'eux et de cette maison soit un mensonge, une calomnie; mais; encore une fois, je ne saurais vivre plus long-temps au milieu de ce monde et dans cette maison. Je vous demande, je vous supplie de me renvoyer au couvent.

FRANCIS.

Au couvent! eh quoi! Marie, tu m'abandonnes! tu veux me quitter, et dans ce moment! oh! si tu pouvais me comprendre!... mais sache donc qu'un abîme est ouvert sous mes pas... Je te l'ai dit, Marie, je ne voulais que gagner du temps, je ne voulais qu'imposer à mes adversaires par une sécurité au moins apparente, et tes larmes, tes larmes vont tout perdre; Marie, tu ne résisteras pas plus long-temps.

MARIE.

Je vous résisterai, mon père, mais à genoux, mais en vous suppliant de me rendre à ma vie obscure et tranquille; mon père, si vous m'aimez, et l'on aime toujours son enfant, vous ne voudrez pas que je sois malheureuse, vous ne voudrez pas que je maudisse le jour qui nous a réunis

FRANCIS.

Marie, chaque minute de retard accroît le danger qui me menace; ton absence est remarquée, on va s'apercevoir aussi de la mienne... Marie, je t'ai suppliée...

MARIE.

Mon père!

FRANCIS.

Je t'ordonne à présent de me suivre.

MARIE.

Prenez garde, monsieur, ce que je vous demandais à genoux tout-à-l'heure, on m'a dit que je pouvais l'exiger; on m'a dit qu'en certaines circonstances, au-dessus de l'autorité d'un père, il y avait l'autorité des magistrats, l'autorité de la loi, qui défend et protége le faible.

FRANCIS.

Qui vous a si bien instruite?

MARIE.

La Providence, qui toujours à celui qui s'égare ou qu'on veut perdre montre une voie qui le sauve.

FRANCIS, *entendant du bruit.*

On me cherche, on va s'apercevoir... O Marie! vous ne voulez pas ma ruine, mon déshonneur... Marie, vous aurez pitié de moi! Marie, vous m'obéirez enfin, vous rentrerez dans ce salon.

SCÈNE X.

LES MÊMES, DELANNOYE, UNE FEMME DE CHAMBRE.

DELANNOYE.

Elle n'y rentrera pas, monsieur.

FRANCIS.

Qui êtes-vous, monsieur? que voulez-vous? de quel droit vous venez-vous placer entre cet enfant et moi?

DELANNOYE.

Du droit que me donne cet ordre.

FRANCIS.

Un ordre!

DELANNOYE.

Aux termes duquel vous devez remettre mademoiselle entre les mains du président Delannoye, qui s'est engagé sur l'honneur à reconduire cette nuit même votre fille au couvent des Ursulines, si telle est toujours sa volonté.

FRANCIS.

C'est impossible!

DELANNOYE.

Lisez. (*A Marie.*) Cette femme va vous donner un voile, une mante, et vous accompagnera. Hâtez-vous, car la voiture vous attend.

Marie remonte la scène, et la femme qui accompagne le président lui jette un voile sur la tête et une longue mante sur les épaules.

FRANCIS.

Cet ordre a été surpris, et je m'oppose à son exécution. Marie, je vous défends...

DELANNOYE, *bas.*

Songez à vous-même, monsieur, car je sais que cette nuit, tout-à-l'heure peut-être, vous serez arrêté.

FRANCIS.

Moi!

DELANNOYE, *bas.*

Voulez-vous donc rendre cette enfant témoin de ce scandale? voulez-vous donc qu'elle devine enfin quel homme est son père?

FRANCIS.

Marie restera dans cet hôtel, et vous allez en sortir*, car je suis chez moi, monsieur, et j'ai le droit de chasser l'importun qui me fatigue, ou l'insolent qui m'outrage.

MARIE.

Mon père!

* Marie, Francis, Delannoye.

SCÈNE XI.

LES MÊMES, SAMUEL*.

SAMUEL, *à Francis.*

Ah! enfin, vous voilà! je vous avais prévenu, Francis, vous avez voulu braver le danger, vous êtes perdu.

FRANCIS.

Que dites-vous?

SAMUEL.

L'hôtel est cerné par des exempts de police; on parle de saisir tout ce qui s'y trouvera: je vous cherchais pour vous avertir et reprendre ma parure**.

MARIE.

Que veut dire cela?

DELANNOYE.

Vous avais-je trompé?

FRANCIS.

Tout s'écroule, tout me manque à la fois.

SAMUEL.

Peut-être avez-vous le temps de fuir encore par cet escalier dérobé; une fois en prison, qui sait quand vous en sortiriez?

MARIE.

En prison?...

SAMUEL, *à part.*

Et quelles révélations il ferait?

FRANCIS.

Encore la misère!

SAMUEL.

Attendez, je vais m'assurer...

DELANNOYE, *à Marie.*

Nous pouvons sortir, nous; venez Marie.

MARIE.

N'avez-vous pas entendu, monsieur? mon père est menacé, mon père est malheureux, et je l'abandonnerais?... oh! non, monsieur, ma place est désormais près de lui.

SAMUEL.

Eh! vite, vite!

FRANCIS.

Viens, Marie.

* Marie, Francis, Samuel, Delannoye.

** Samuel, Marie, Francis, Delannoye.

SAMUEL, *bas à Francis.*

Cette jeune fille ne sera qu'un embarras de plus.

FRANCIS.

Peut-être.

Il l'entraîne par une petite porte qu'a désignée Samuel. A ce moment, la porte du fond s'ouvre, Georges et les autres valets paraissent effrayés et suivis presque immédiatement d'exempts de police.

SAMUEL, *qui a suivi Francis, reparaît.*

Ils sont partis* !

DELANNOYE.

Pauvre fille ! que va-t-elle devenir ?

* Samuel, Delannoye.

ACTE DEUXIÈME.

La ferme des Alleux sur la route de Provins à Troyes ; une grange formant cour ; à gauche un petit bâtiment en appentis, avec une fenêtre ouvrant du côté du public, et laissant voir un secrétaire gothique. A droite un escalier conduisant à la maison d'habitation. Au rez-de-chaussée de cette maison une petite grange ouverte et dans laquelle on aperçoit de la paille et du foin. Au fond une porte charretière et un mur peu élevé. Deux poteaux soutiennent la toiture de la grange.

SCÈNE PREMIÈRE.

FRANCIS, MARCELLIN, ÉTIENNE, MARIE, MARTHE.

Au lever du rideau, Marcellin, Marthe, Etienne et deux valets de ferme entourent Francis et Marie, qui, assis l'un et l'autre, paraissent accablés de fatigue.

FRANCIS, *à Marcellin.*

Monsieur, sans la faiblesse de cette jeune fille, qui allait s'évanouir de fatigue, je n'aurais pas accepté...

MARCELLIN.

Quel bonheur que je n'aie pas suivi mes enfans, qui dansent à présent sur la place ! je n'aurais pas été là pour vous forcer d'entrer dans la ferme. (*Allant à Maire.*) Eh bien ! comment vous trouvez-vous ?

MARIE.

Mieux, monsieur, beaucoup mieux.

MARCELLIN

Vous venez de loin ?

FRANCIS.

De Paris.

MARCELLIN.

Vous êtes partis?

MARIE.

Hier matin.

MARCELLIN.

Et vous avez fait à pied tout ce chemin?

MARIE.

Oui, monsieur.

FRANCIS.

Je voulais arriver à Troyes cette nuit. Il est de la plus grande importance pour moi de n'apporter aucun retard dans le voyage que j'ai entrepris, quelque pénible qu'il soit.

MARIE, *essayant de se lever.*

Je suis prête à vous suivre, mon père.

MARCELLIN.

La pauvre fille peut à peine se soutenir. Elle a besoin de toute une nuit de repos.

FRANCIS.

Ah! ce contre-temps me désespère.

MARCELLIN.

Écoutez: j'ai marié aujourd'hui ma fille Michelette à Simon, mon premier garçon de ferme, et, bien que j'aie à loger cette nuit mes parens, mes amis, je puis donner encore une chambre à votre fille. Quant à vous, mon cher monsieur, il faudra vous contenter de cette grange; des draps blancs jetés sur quelques bottes de paille...

FRANCIS.

Monsieur, aussitôt que j'aurai repris des forces, je partirai; mais j'accepte pour ma fille l'offre que vous me faites.

MARIE.

Mon père, je ne veux pas vous quitter, je vous l'ai dit, je vous suivrai

FRANCIS, *allant à elle*[*].

Non, tu retarderais ma marche. (*Bas.*) Tu sais que je ne trouverai que chez Samuel des ressources pour le présent. J'ai mis en lui mon dernier espoir, et Samuel est à Troyes.

MARCELLIN.

Puisque vous ne pouvez différer votre départ, laissez-nous cette enfant. Si votre absence doit être de quelques jours, eh bien! votre fille nous restera quelques jours.

MARIE.

Mon père craint que ma faiblesse lui fasse perdre un temps précieux? quoi qu'il m'en coûte, je n'insisterai plus pour l'accompagner. Je resterai donc, puisque vous consentez à me donner un asile. Mais, monsieur, les moissons commencent à peine, et, si vous le permettez, j'essaierai par mon travail de payer l'hospitalité que vous m'accordez.

MARCELLIN.

Bien, mon enfant! cette offre-là part d'un cœur honnête.

[*] Marcellin, Francis, Marie.

FRANCIS.

Monsieur, dans quelques jours je viendrai reprendre ma fille, et je saurai reconnaître...

MARCELLIN.

N'achevez pas, monsieur, et ne mettez pas de prix à une action toute simple; reposez-vous encore quelques instans, et ne soyez plus inquiète pour votre fille, nous la garderons.

MARIE.

Ah! monsieur...

FRANCIS, *allant se rasseoir**.

Si je ne trouve pas Samuel à Troyes, que deviendrai-je?

MARCELLIN, *à Marie*.

Comment vous appelle-t-on, ma chère enfant?

MARIE.

Marie.

MARCELLIN.

C'est un nom qu'on prononce souvent à Rétheuil.

FRANCIS.

Rétheuil! ce village s'appelle Rétheuil?

MARCELLIN.

Oui.

FRANCIS.

Il doit y avoir à quelques pas d'ici un calvaire et un étang?

MARCELLIN.

Oui. Vous avez donc déjà traversé ce pays?

FRANCIS.

Il y a long-temps. (*A part*.) Il faut que je m'assure...

Il remonte.

MARCELLIN.

Voilà les mariés qui reviennent.

SCÈNE II.

LES MÊMES, SIMON, MICHELETTE, PAYSANS**.

MARCELLIN.

Déjà de retour?

MICHELETTE.

C'est Simon qui en est cause, il voulait nous persuader qu'il faisait nuit.

MARCELLIN.

Allons, ma petite Michelette, pour te consoler je vais t'annoncer une bonne nouvelle : j'ai un enfant de plus à la ferme.

MICHELETTE.

Qui donc?

* Francis, Marcellin, Marie.

** Francis, Marcellin, Michelette, Simon, Marthe, Etienne, Marie.

MARCELLIN.

Cette jeune fille que son père veut bien me confier, tu l'aimeras, vous l'aimerez tous, mes enfans, car elle s'appelle Marie.

MICHELETTE.

Marie?

MARIE.

Ce nom vous rappelle...

MARCELLIN.

Un souvenir bien cher et bien triste. Mais ne parlons pas de cela. Que tiens-tu donc dans ta main, Simon?

SIMON.

Le cadeau de noces que M. Delannoye, not' maître, avait envoyé à Michelette ; le collier de perles enfin, il est cassé.

MARCELLIN.

Cela ne sera rien; il faut le serrer. Ah! tiens, Simon, voilà la clef de mon secrétaire; tu mettras le collier dans le premier tiroir à gauche.

SIMON.

Oh! celui-là ou un autre, qu'est-ce que ça fait?

MARCELLIN.

Dans le premier tiroir à gauche : je le veux.

SIMON.

Du moment où vous y tenez... (*A part.*) Il y a quelque chose là-dessous*.

Il entre dans le cabinet.

FRANCIS, *qui est allé regarder au fond.*

C'est bien ici.

MARIE.

Qu'avez-vous donc, mon père?

FRANCIS.

Rien. (*A part.*) C'est étrange!

MARCELLIN.

Eh bien, Simon, as-tu trouvé?

SIMON, *revenant.*

Qu'est-ce que c'est que ça? un portefeuille avec mon nom dessus.

MARCELLIN.

Cela prouve qu'il est à toi.

SIMON.

A moi? je ne l'ai jamais vu.

MARCELLIN.

Bah! ouvre-le : tu le reconnaîtras.

SIMON.

Il a l'air tout drôle, le père Marcellin; je gage que c'est une surprise.

MICHELETTE.

Ouvre donc.

* Simon, Marcellin, Etienne, Michelette, Marie, Francis.

SIMON.

Des billets! un, deux, trois, cinq, neuf, dix, quinze mille livres.

MARCELLIN.

C'est la moitié de mes économies placées chez M. le président, et que, sur ma demande, il m'a envoyée; l'autre moitié est pour mon petit Étienne.

Il embrasse l'enfant.

SIMON.

Une jolie femme, une belle ferme et quinze mille livres; mais c'est un rêve, tout ça!

MICHELETTE

Mon bon père!

MARCELLIN.

Allons, va serrer cela, Simon, et garde la clef; car tout ce qui est dans le secrétaire est à toi maintenant.

SIMON.

Oui, père Marcellin, en voilà une surprise.

Francis est resté à sa place comme enseveli dans sa pensée.

MARCELLIN.

Eh bien! mon cher hôte, avez-vous changé d'avis? Nous restez-vous aussi?

FRANCIS, *se levant vivement**.

Non, je vais me remettre en route à l'instant

MARIE.

Mon père!

FRANCIS.

Allons, du courage; notre séparation sera de courte durée. Monsieur Marcellin, dans quelques jours je reviendrai vous redemander Marie. (*A part.*) A Rétheuil, c'est à Rétheuil que je la laisse! (*Haut.*) Adieu, mes amis, adieu!

Il sort.

SCÈNE III.

LES MÊMES, *excepté* FRANCIS**.

MICHELETTE.

Ne pleurez pas comme ça, mamzelle Marie, il reviendra, votre père.

MARIE.

Devant lui j'ai retenu mes larmes; mais se trouver seule au monde, oh! c'est affreux.

MARCELLIN.

Mon enfant, vous avez déjà oublié la promesse que j'ai faite à votre père: la famille que le malheur vous a enlevée, vous la retrouverez ici.

* Marcellin, Francis, Marie.

** Simon, Michelette, Marie, Marcellin

MARIE.

Monsieur, vous m'avez promis du travail et du pain. Ce n'est plus sur moi que je pleure, mais sur mon père.

MARCELLIN.

Vous l'aimez bien, votre père ?

MARIE.

Il est si malheureux ! et il me semble qu'il souffrira plus encore quand il n'aura plus sa fille à ses côtés ; il n'avait plus qu'elle... sans moi, monsieur, sans moi il serait mort sur la route peut-être, et pour lui j'ai fait ce que pour sauver ma vie je n'aurais pas osé faire... j'ai mendié.

MARCELLIN *.

Chère enfant, nous ne sommes que de pauvres paysans ; mais le peu que nous possédons, nous le partagerons avec vous. Allons ! vous nous faites oublier que la fatigue vous accable ; il se fait tard : Marthe, tu vas conduire Marie dans la chambre d'Étienne... il n'y avait plus que celle-là de libre.

ÉTIENNE.

Et moi ?

MARCELLIN.

Une nuit est bientôt passée... on va te mettre un grand fauteuil dans ce cabinet, tu y dormiras tout habillé.

Bruit de voiture.

MARCELLIN.

Qu'est-ce que c'est que ça ?

SIMON, *allant au fond.*

C'est une voiture qui entre dans la grande cour.

MARCELLIN

Si c'était...

SIMON, *sortant en courant.*

C'est M. Delannoye.

MARIE.

M. Delannoye !

MARCELLIN.

M. Delannoye à ma ferme ! oh ! mais c'est plus de bonheur que je n'en espérais.

SIMON, *revenant.*

C'est lui, c'est M. le président, il vient, à cause du mariage, passer un jour ou deux avec nous, son domestique me l'a dit.

MARCELLIN.

Mais laissez-moi donc l'aller recevoir, l'aller remercier surtout de l'honneur qu'il nous fait.

Il sort.

MARIE, *à part* **.

Paraître devant M. Delannoye dans cet état !

SIMON.

Ah çà ! où va-t-on le faire coucher, M. Delannoye ?

* Simon, Michelette, Étienne, Marthe, Marceline, Marie.
** Michelette, Simon, Marie.

MICHELETTE.

Dans la plus belle chambre de la ferme.

SIMON.

Mais dis donc... c'est la nôtre.

MICHELETTE.

Eh ben !

SIMON.

Eh ben !

MICHELETTE.

J'irai coucher dans la chambre de Marie.

SIMON.

Et moi ?

MICHELETTE.

Toi, tu coucheras dans la grange ou à l'écurie.

SIMON.

Mais ça ne s'est jamais vu... mais ça ne se peut pas...

MARIE.

Un lit avait été préparé pour mon père là, dans cette grange.

MICHELETTE.

Eh ben ! ce sera pour toi, Simon.

SIMON.

Merci.

MARIE*.

Je le prendrai.

MICHELETTE.

Vous ?

MARIE.

Je vous en prie, laissez-moi faire cet échange, et permettez-moi de me retirer avant l'arrivée...

MICHELETTE.

De M. le président ?... Ah ! vous auriez tort d'en avoir peur ; c'est le meilleur des hommes.

MARIE, *à part.*

Je le sais.

SIMON.

C'est égal, mamzelle Marie a eu là une excellente idée... nous prendrons sa chambre, c'est convenu.

MARIE.

Bonsoir, bonsoir ! (*Embrassant Michelette.*) La pauvre Marie ne vous oubliera jamais dans sa prière.

Elle entre dans la grange au moment où M. Delannoye paraît conduit par Marcellin et éclairé par Etienne.

* Simon, Michelette, Marie.

SCÈNE IV.

MICHELETTE, SIMON, DELANNOYE, MARCELLIN, PAYSANS, DOMESTIQUES *de M. Delannoye**.

MARCELLIN.

Mon maître, mon cher maître, je ne mourrai donc pas sans avoir eu l'honneur de vous recevoir encore une fois dans ma ferme!

DELANNOYE.

Pardonnez-moi, mon digne Marcellin, et vous aussi, mes amis, d'apporter un visage triste et sombre au milieu de votre joie; mais en entrant ici tous mes souvenirs se sont réveillés.

SIMON, *à part.*

Je crois bien : il lui est arrivé un si grand malheur ici!

DELANNOYE.

Vous avez fait de grands changemens à la ferme.

MARCELLIN**.

Elle a prospéré, monsieur le président.

DELANNOYE.

Grâce à vous.

MARCELLIN, *présentant Simon.*

Et voilà un garçon qui fera mieux que moi encore : c'est Simon, monsieur le président.

DELANNOYE.

C'est là votre gendre... qu'il vous imite... Eh bien! ma petite Michelette, tu ne viens pas m'embrasser?... ah! c'est juste, tu attends que ton mari te le permette.

MICHELETTE.

Pas du tout, monsieur le président, c'est votre permission que j'attendais.

DELANNOYE***.

En as-tu donc besoin? (*Il l'embrasse.*) J'espère, mes amis, que je ne vous cause aucun dérangement?

MICHELETTE.

Pas le moindre.

MARCELLIN, *bas à Simon.*

L'arrivée de M. le président dérangera pourtant quelqu'un, Marie.

SIMON, *vivement.*

Ne vous en occupez pas, elle a pris la place de son père.

MARCELLIN.

Dans la grange?

SIMON.

Elle y sera très-bien... d'ailleurs elle l'a voulu, laissons-la dormir tranquille.

* Michelette, Simon, Delannoye, Marcellin.
** Michelette, Simon, Marcellin, Delannoye.
*** Simon, Marcellin, Michelette, Delannoye.

MARCELLIN.

Pauvre fille!

DELANNOYE, *à Michelette.*

Non, ma chère enfant, non, je ne puis rester ici plus de deux jours. J'ai promis à ma sœur d'aller passer chez elle le reste des vacances. Elle m'attend, elle est seule à présent à son château de Roemont, son fils a pris du service.

MARCELLIN.

Ma fille, as-tu offert à M. le président...?

DELANNOYE.

Je n'accepterai rien, mon ami; indiquez-moi seulement la chambre que vous me destinez.

MARCELLIN.

Michelette va vous conduire, car il paraît qu'elle a disposé les logemens.

MICHELETTE.

Oui, mon père: M. le président occupera notre chambre; c'est la plus gaie.

Elle la montre au premier.

MARCELLIN.

Bien... et le domestique de M. le président?

SIMON.

Je m'en charge. (*A part.*) Il ira coucher à l'écurie, celui-là*.

DELANNOYE.

Bonsoir, mes amis... Simon, nous causerons demain de votre bail... je le signerai avant de quitter la ferme.

MARCELLIN.

Bonne nuit, mon cher maître.

DELANNOYE, *bas.*

Ah! Marcellin, c'est plus la solitude que le sommeil que je vais chercher; car ce n'est que quand je serai seul que je pourrai pleurer.

MICHELETTE, *éclairant.*

Par ici, monsieur le président.

SIMON, *d'un autre côté.*

Par ici, monsieur le domestique.

SCÈNE V.

MARCELLIN, ÉTIENNE, PAYSANS.

MARCELLIN, *à part, regardant sortir le Président.*

Mon pauvre maître! la plaie saigne toujours. (*Haut.*) Gagnez vos chambres, mes enfans; toi, Étienne, ton grand fauteuil. Quand Marthe m'aura rapporté les clefs, je rentrerai chez moi.

* Simon, Marcellin, Delannoye, Michelette.

MICHELETTE, *descendant**.

Voilà M. le président chez lui.

SIMON, *revenant*.

Et son domestique aussi.

MARCELLIN.

La ronde est faite ?

MARTHE, *revenant*.

V'là les clefs.

MARCELLIN.

C'est bien, tout est en ordre. (*Regardant du côté du Président.*) Bonsoir, mes enfans.

SIMON.

Viens, ma petite femme... (*A part.*) S'il croit que je vais dormir le père Marcellin...

Marcellin embrasse ses enfans, et serre la main de ses amis; après avoir conduit Étienne dans le cabinet, il rentre appuyé sur le bras de Marthe ; chacun se retire, la scène reste vide ; une lanterne accrochée à un poteau éclaire faiblement le théâtre.

SCÈNE VI.

FRANCIS, *seul.*

Après quelques instans de silence, un léger bruit se fait entendre, et l'on distingue bientôt Francis entrant avec précaution.

Voilà bien la cour... l'escalier... la grange... le cabinet doit être là... Tout le monde repose... aucune autre lumière que celle-ci... l'occasion est belle, et je la laisserais échapper... Le portefeuille est là... aucun obstacle sérieux ne m'en sépare... je n'ai qu'à étendre la main... Qui pourrait m'arrêter? Ne suis-je pas redevenu l'intrépide aventurier qui jouait sa vie contre un joyau de femme? Voyons si sur cette table je trouverai... (*Il détache la lampe et cherche sur la table ; il prend un couteau.*) Oui, avec cela on peut faire sauter une serrure... Hâtons-nous.

Il entre dans le cabinet.

ÉTIENNE, *dans le cabinet.*

Ah! qui est là ?... qui est là ?

FRANCIS.

Malheur! je ne suis pas seul.

ÉTIENNE.

Au voleur!...

FRANCIS.

Te tairas-tu ?...

ÉTIENNE.

Au vol...

Marie paraît, attirée par le bruit ; la porte s'ouvre alors, et Marie épouvantée recule ; la lumière est restée dans le cabinet et éclaire Francis, qui paraît dans le plus grand désordre.

FRANCIS.

Qu'ai-je fait?... Mais cet enfant pouvait me perdre... ses cris vont attirer du monde, peut-être... fuyons...

Il court dans l'obscurité ; il trébuche contre la table ; dans le mouvement qu'il fait pour se relever, le portefeuille s'échappe de son sein ; il ne s'en aperçoit pas et fuit.

* Etienne, Marcellin, Michelette, Simon.

MARIE.

Mon père... c'était mon père... ici... à cette heure... dans ce désordre... que venait-il faire?... qu'allait-il chercher là... dans ce cabinet ?... (*Elle heurte du pied le portefeuille.*) Ce portefeuille... c'est celui que tantôt... ah !.... ah ! mon Dieu (*Elle entre dans le cabinet.*) Du sang!.... ah ! cet enfant.. cet enfant.... ah ! (*Marie, dont la tête est perdue, sort du cabinet, tenant dans ses bras Étienne ensanglanté et mort.*) Assassiné !... assassiné!... par mon père...

Elle tombe évanouie.

SCÈNE VII.

MARIE *évanouie*, ÉTIENNE *mort*, MARCELLIN, SIMON, *puis* DELANNOYE.

SIMON, *descendant l'escalier et montrant le cabinet.*

Le bruit vient de là...

M. Delannoye paraît au haut de l'escalier. Le rideau baisse au moment où Simon et Marcellin aperçoivent Marie*.

* Marie, Étienne, Simon, Michelette, Marcellin, Delannoye.

ACTE TROISIÈME.

Une salle basse du château de Rocmont. Fenêtre ouvrant sur un jardin : portes ouvrant sur le vestibule et laissant voir le grand escalier.

SCÈNE PREMIÈRE.

Mme GARIN, VICTORINE.

Mme Garin est assise devant une table à ouvrage; Victorine est debout devant elle.

Mme GARIN.

Victorine, c'est aujourd'hui que M. Réné, mon nouvel intendant, doit arriver pour remplacer M. Fargeot.

VICTORINE.

Pauvre père Fargeot! dam, il se faisait vieux. Et où logera-t-il, ce M. Réné ?

Mme GARIN.

Vous disposerez provisoirement pour lui l'appartement qu'occupe d'ordinaire le président Delannoye.

VICTORINE.

Nous ne le verrons donc pas cette année, ce bon M. Delannoye ?

Mme GARIN.

Mon frère est retenu à Troyes par une affaire importante. Ah ! je suis contente de vous, Victorine : à mon lever, ce matin, j'ai trouvé des fleurs dans mon salon et jusque sur cette table : vous vous êtes rappelé que je les aimais.

VICTORINE.

Vous me rendez toute confuse, madame ; mais je dois vous avouer que cette bonne attention-là ne vient pas de moi. C'est Mlle Stéphanie qui a mis des fleurs dans tous vos vases ce matin.

Mme GARIN.

Je l'en remercierai ; donnez-moi ma tapisserie.

VICTORINE.

La v'là, madame.

Mme GARIN.

Qui donc l'a terminée ? Est-ce vous ?

VICTORINE.

Non, madame ; mais je gage que c'est encore Mlle Stéphanie. Vous avez dit hier devant elle que vos yeux étaient bien fatigués, et que vous ne pourriez peut-être pas finir ce tabouret. Je me souviens à présent que Mlle Stéphanie a veillé très-tard ! oui, il y avait de la lumière dans sa chambre quand je me suis couchée.

Mme GARIN.

Pauvre enfant ! Où est-elle ?

VICTORINE.

A la lingerie. Elle s'y est installée dès le grand matin, et elle travaille là d'un cœur... Pauvre jeune fille ! elle a l'air doux ni plus ni moins que la sainte Thérèse de notre paroisse ; et une voix, une voix qui donne envie de l'aimer tout de suite. Aussi, depuis une semaine que c'te brebis du bon Dieu nous est arrivée, chaque jour on la chérit davantage ; pour ma part, je la soigne et je la mijote ni plus ni moins que si elle était la fille de la maison. Elle n'a qu'un défaut, c'est de n'être pas parleuse. L'autre soir j'ai voulu la faire jaser : je lui ai demandé d'où elle était, d'où elle venait, si elle avait encore son père ; elle s'est mise à pleurer si fort que j'aurais voulu pouvoir rattraper mes paroles. Quand je suis avec elle à présent, et que la démangeaison de parler me reprend, je me mords la langue pour m'en ôter l'envie. Plutôt que de lui faire de la peine à cette pauvre chère demoiselle, j'aimerais mieux... Justement la v'là.

Mme GARIN.

Laissez-nous.

VICTORINE.

Oui, madame. (*Ici Marie paraît ; elle a un costume très-simple, mais propre. A part.*) Décidément elle ressemble à la sainte Thérèse de la paroisse.

Elle sort.

SCÈNE II.

Mme GARIN, MARIE.

Mme GARIN.

Approchez, mon enfant, que je vous gronde.

MARIE.

Moi, madame? Aurais-je donc eu le malheur de vous déplaire en quelque chose?

Mme GARIN.

D'abord embrassez-moi; puis, à l'avenir, ne vous avisez plus de veiller pour terminer mes tapisseries.

MARIE.

Victorine m'avait dit que votre vue, affaiblie par une récente maladie, ne vous permettait plus de broder; je savais aussi que vous désiriez vivement achever cet ouvrage, et...

Mme GARIN.

Pour m'épargner une fatigue vous vous êtes rendue malade; vous êtes ce matin d'une pâleur... Souffrez-vous?

MARIE.

Non, non, madame.

Mme GARIN.

Vous avez pleuré, mon enfant, des larmes roulent encore dans vos yeux.

MARIE.

Oh! je suis si malheureuse!

Mme GARIN.

Malheureuse! chez moi?

MARIE.

Oh! non, madame. J'allais mourir sur le bord de la route, de fatigue, de misère et de froid; j'allais mourir, désespérant de la justice et de la bonté de Dieu, quand votre porte s'ouvrit pour moi. Mes forces étaient éteintes, ma raison allait m'abandonner: vos soins, vos douces exhortations me rendirent et ma raison et mes forces. Depuis huit jours chacun ici, suivant votre exemple, me traite avec la plus touchante bienveillance, et je serais heureuse, madame, bien heureuse, si l'on pouvait oublier...

Mme GARIN.

Si jeune, et déjà le passé vous pèse; mais peut-être les larmes que vous répandez seraient-elles moins amères si vous les laissiez tomber sans contrainte dans le cœur d'une amie. Pourquoi garder au fond de votre ame le secret de vos malheurs? Pourquoi n'en pas partager le poids avec... avec moi?

MARIE.

Oh! madame, vous avez la bonté, la charité d'un ange; et si je vous disais ce passé, ce passé auquel je touche encore, car il est d'hier, et votre protection seule m'en sépare; si vous le connaissiez, vous retireriez la main généreuse que vous avez tendue à la pauvre fille; vous la chasseriez, vous la maudiriez peut-être.

Mme GARIN.

Moi! jusqu'à présent, Stéphanie, je ne vous avais point interrogée sur votre naissance, sur les causes de votre misère, et j'attendrai maintenant que cet aveu s'échappe de lui-même de votre cœur et de vos lèvres; le temps amènera la confiance; mais ce secret, quel qu'il soit, ne détruira pas, croyez-le bien, l'impression que votre extérieur honnête, vos paroles et vos actions ont déjà faite sur moi. Stéphanie, je suis seule, mon fils a pris du service, la guerre sera, dit-on, sanglante, et à l'heure où je parle je n'ai plus d'enfant peut-être. Stéphanie, voulez-vous de moi pour votre mère ?

MARIE.

Oh! madame, madame, si vous saviez le mal que vous me faites!

Mme GARIN.

Comment?

MARIE.

Vous me montrez le bonheur à moi que la fatalité poursuit; vous me montrez le bonheur, et demain, tout-à-l'heure peut-être, on viendra m'arracher d'ici.

Mme GARIN.

Qui peut vous faire craindre...?

SCÈNE III.

LES MÊMES, VICTORINE *.

VICTORINE.

Madame, le voiturier de Troyes vient d'apporter ici les malles et les effets de M. Réné, votre nouvel intendant. Je les ai fait porter, comme vous me l'aviez commandé, dans la chambre de M. le président.

Mme GARIN.

Et M. Réné?

VICTORINE.

Le voiturier m'a dit que ce monsieur s'était trouvé subitement indisposé hier à Troyes. Il n'arrivera que demain ou après; le voiturier l'a laissé chez M. Samuel, le bijoutier, où il a retrouvé un de ses amis qui a toutes sortes de soins de lui.

Mme GARIN.

C'est bien, Victorine, donnez-moi ma mante.

VICTORINE.

Vous sortez, madame? Ah! c'est juste, le jeudi, c'est votre jour de visite chez tous les pauvres de la paroisse.

Mme GARIN, *à Marie.*

A tantôt, mon enfant! Je vous défends de travailler davantage aujourd'hui; Victorine y veillera.

VICTORINE.

Soyez tranquille, madame, je vais cacher toutes les aiguilles.

Marie baise sans rien dire les mains de Mme Garin, qui sort en lui souriant.

* Victorine, Mme Garin, Marie.

SCÈNE IV.

MARIE, VICTORINE.

VICTORINE.

Hein! quel trésor de femme! on en a canonisé qui n'avaient pas si bien mérité le paradis. Qu'est-ce que vous allez faire, à présent qu'elle vous a défendu de coudre et de broder? Tiens, j'y pense, je peux vous donner de l'occupation? Lisez-moi ça tout haut, voulez-vous?

MARIE.

Qu'est-ce que ce papier?

VICTORINE.

J' sais pas; c'est le voiturier qui me l'a donné. C'est un imprimé qu'on distribuait à Troyes, sans doute quelque complainte : il m'a dit que c'était amusant. Vous n'aimez pas à causer, mais ça doit vous être égal de lire. Contez-moi ce qu'il y a là-dedans pendant que je vais frotter ma table.

MARIE, *allant s'asseoir.*

Donnez.

VICTORINE.

Attendez, que je prenne ma cire et ma brosse. J'y suis à présent : allez.

MARIE, *lisant.*

« Un crime horrible a été commis... »

VICTORINE.

Ah! c'est un assassinat! j'aime mieux ça qu'une complainte.

MARIE.

« A été commis à Rétheuil. » O mon Dieu!

VICTORINE, *frottant.*

Rétheuil, un village avant Troyes et à quinze lieues d'ici; c'est loin. (*S'arrêtant.*) Eh bien, lisez donc!

MARIE, *à part.*

Mon trouble va me trahir. (*Lisant.*) « Le petit-fils du fermier Marcellin « a été assassiné. »

VICTORINE.

Ah! quel malheur!

MARIE.

« Le meurtre paraît avoir été commis... »

VICTORINE.

Par qui?

MARIE, *dont la voix s'éteint.*

« Par une jeune fille. » (*A part.*) La force va m'abandonner.

VICTORINE.

Une jeune fille tuer un enfant! Mais ça n'est pas possible?

MARIE, *vivement.*

Ah! n'est-ce pas que c'est impossible?

VICTORINE.

Après ça, pourtant, si on l'a surprise sur le fait, il faut voir. (*Elle ramasse le papier que Marie a laissé tomber.* « Par une jeune fille qui a été » immédiatement conduite à Troyes et renfermée dans la prison de la ville » On espérait obtenir de Marie l'aveu de son crime, lorsque, dans la nuit » du 10 juin 1789, un incendie éclata dans la maison d'arrêt par le fait de » l'imprudence d'un des guichetiers; dans le premier désordre quelques » prisonniers s'échappèrent, et parmi ceux-là Marie Beaudouin. » Elle s'est sauvée! oh! mais on la reprendra; la Providence est là, et la maréchaussée aussi. Tiens, il y a encore quelque chose. « Signalement de Marie Beaudouin, » accusée de meurtre. »

MARIE.

Je suis perdue!

Elle cache sa figure dans ses deux mains : à ce moment le son d'une cloche se fait entendre ; Marie tressaille.

VICTORINE.

N'ayez donc pa peur comme ça, c'est la cloche de la grille; madame aura oublié quelque chose; gardez-moi ça, nous lirons le signalement ensemble. (*S'en allant.*) Elle doit avoir une figure abominable, cette Marie Beaudouin.

SCÈNE V.

MARIE.

C'est moi qu'on vient arrêter sans doute ; on aura répandu ce signalement, quelqu'un m'aura reconnue, dénoncée. Oui, cet homme qui semblait m'épier hier à la sortie de l'église, il aura vu mon visage que je cachais sous les plis de ma mante. Ah! il faut fuir, non pas pour sauver ma vie, mais pour épargner à Mme Garin la douleur de me repousser, de me maudire ; elle le ferait, car elle aussi me croirait coupable. Mais déjà peut-être la fuite est impossible. (*Elle regarde par la fenêtre.*) Je me trompais ; une voiture vient d'entrer dans la cour ; ce doit être celle de M. Réné qu'on attendait. On ne sait rien encore. Victorine, tout occupée de la réception de cet étranger, ne songera plus à ce papier ; oui, il me reste le temps d'écrire à Mme Garin ; ce devoir rempli, je quitterai cette maison. Où irai-je? Ah! que m'importe à présent? ce n'est plus une retraite, c'est un tombeau que j'irai chercher.

Elle sort en courant et monte l'escalier.

SCÈNE VI.

DELANNOYE, VICTORINE.

VICTORINE.

C'est-y Dieu possible? vous, monsieur Delannoye, vous à Rocmont ? et madame qui me disait encor ce matin : Mon frère ne viendra pas cette année! Dieu! qu'elle va être contente! Asseyez-vous donc, monsieur le président: je vais vite chercher madame.

DELANNOYE*.

Oui, hâtez-vous, j'ai de bonnes nouvelles à lui donner.

VICTORINE.

Des nouvelles de M. Emile? Il s'est bien battu, n'est-ce pas, notre cher

* Victorine, Delannoye.

enfant? Et il n'a rien attrapé? oh! mais, j'en pleure de joie comme si j'étais sa mère. Oùs que je vas la trouver à présent, madame? le village est grand. Bon, il pleut à verse; c'est égal, je me mets en course. Au reste, monsieur le président, vous ne serez pas tout seul à attendre. (*Appelant.*) Mademoiselle Stéphanie! mademoiselle Stéphanie! descendez un brin, s'il vous plaît. Vous allez voir, monsieur le président, c'est une trouvaille que nous avons faite, une vraie bénédiction qui nous est tombée du ciel. Mais je suis là, moi, je cause, je cause, et pendant ce temps Mme Garin est inquiète de son fils; je vas la rassurer. (*Fausse sortie; rentrant.*) Pardon, excuse, monsieur le président, c'est encore moi; je viens de penser à une chose : la nouvelle que vous apportez, ça doit être une lettre de M. Emile; si vous me la donniez, madame l'aurait plus tôt.

DELANNOYE.

Vous avez raison. (*Il cherche dans sa poche.*) Tenez, portez ce paquet à ma sœur.

VICTORINE.

Oui, monsieur le président. Bon, v'là la pluie qui redouble; c'est égal, je cacherai bien ma lettre pour qu'elle ne soit pas mouillée. Ne vous impatientez pas, monsieur le président, v'là Mlle Stéphanie.

Elle sort en courant.

SCÈNE VII.

MARIE, DELANNOYE.

MARIE, *descendant sans voir Delannoye.*

Vous m'avez appelée?

DELANNOYE.

Que vois-je?

MARIE.

M. Delannoye!

DELANNOYE.

Vous ici, malheureuse!

MARIE.

Plus bas, monsieur, plus bas.

DELANNOYE.

Marie Beaudouin dans la maison de ma sœur!

MARIE.

Pitié! pitié, monsieur!

DELANNOYE.

De la pitié pour vous...?

Il s'apprête à tirer le cordon d'une sonnette.

MARIE, *se jetant sur son bras.*

Oh! je suis innocente, n'appelez pas, monsieur, n'appelez pas.

DELANNOYE, *la repoussant.*

Quoi! vous osez...!

MARIE.

Tuez-moi, monsieur; mais devant tous ne me jetez pas mon nom comme une flétrissure, ne révélez pas mon horrible secret.

* Victorine, Delannoye.

DELANNOYE.

Ah! ne m'approchez pas.

MARIE.

Je n'ai de pitié à attendre, je le sais, que de Dieu, car lui seul peut lire dans mon ame; aussi n'est-ce pas pour moi que je vous implore; mais Mme Garin me croit digne de son intérêt; tout-à-l'heure encore elle m'appelait sa fille; voulez-vous lui déchirer le cœur en lui disant : Cette étrangère que vous avez accueillie comme votre enfant est accusée d'un meurtre, et l'échafaud l'attend? Oh! par grâce! emmenez-moi avant le retour de Mme Garin, et qu'elle ignore toujours...

DELANNOYE, *après un long silence.*

Relevez-vous; je me tairai pour ne pas affliger celle qui vous a prise en pitié; mais, pour que ma sœur ne soit pas témoin de votre arrestation, il faut quitter cette maison à l'instant, car ce matin une note transmise au grand bailliage nous a appris qu'on était sur vos traces, et que demain, cette nuit peut-être, vous seriez arrêtée.

MARIE, *à part.*

Je ne m'étais pas trompée.

DELANNOYE.

Pour épargner à tous un scandale et à vous une honte de plus, courez vous faire connaître au bailli de ce village; vous obtiendrez peut-être de sa pitié d'être reconduite à Troyes sans bruit et sans éclat.

MARIE.

Aujourd'hui même, monsieur, j'allais quitter cette hospitalière et sainte demeure, j'allais partir, parce que je ne voulais plus mentir à ma bienfaitrice. L'heure est venue... mon Dieu, donnez-moi de la force pour la souffrance, puisque vous m'avez refusé du courage pour mourir.

DELANNOYE.

Mourir!

MARIE.

Je le pouvais sans crime: lorsque le feu se déclara dans ma prison tout le monde fuyait, on m'avait oubliée, et, quand j'aurais dû remercier le ciel qui mettait un terme à mes maux, j'appelai à mon secours, j'eus peur, oui, j'eus peur; mes bras se déchirèrent aux verroux de ma porte, mon front se meurtrit aux barreaux de ma fenêtre; enfin l'on entendit mes cris d'angoisse. Tremblante, éperdue, je suivis ceux qui fuyaient; insensée, je tenais à la vie comme si je n'étais pas maudite, déshonorée. Oh! je blasphême, mon Dieu; si j'eusse été coupable, vous m'auriez donné cette force qui m'a manqué... mais désirer la mort quand vous savez que je suis innocente, mettre ainsi le jugement des hommes au-dessus du vôtre, oh! pardonnez-moi ce vœu sacrilége et impie! que vos décrets s'accomplissent, Seigneur; à quelque épreuve que vous me destiniez encore, je vivrai, mon Dieu, je vivrai. (*Après un moment de silence, et allant au président, qui ne l'a pas quittée des yeux.*) Qui m'ordonnez-vous de suivre, monsieur?... Je suis prête à partir, à m'aller dénoncer.

DELANNOYE, *contenant à peine son émotion.*

Malheureuse fille! Aurez-vous du moins quelque lumière nouvelle à répandre sur les pénibles débats qui vont se rouvrir? Apporterez-vous une preuve de cette innocence dont vous protestez toujours!

MARIE.

Non, monsieur, je vous l'ai dit à genoux, les deux mains étendues vers l'image de notre divin Sauveur, je suis innocente ! j'aurais donné ma vie pour racheter celle du pauvre enfant dont j'ai reçu le dernier soupir; mais que peuvent mes sermens contre les preuves qui m'accablent? On n'a découvert aucun indice, aucune trace qui ait pu faire croire que du dehors on se fût introduit dans la ferme, les soupçons n'ont dû se porter que sur moi; aussi ne comparaitrai-je devant votre tribunal que pour entendre prononcer ma condamnation ; les juges de la terre ne peuvent pas m'absoudre, et je leur pardonne leur sentence.

DELANNOYE.

Vous pardonnerez à vos juges, Marie; mais se pardonneront-ils à eux-mêmes si le temps leur amène ces preuves qui vous manquent?

MARIE.

Mes juges ne sont que des hommes, et leur sentence sera juste devant les hommes; je rendrai d'ailleurs leur tâche plus facile : mon espoir n'étant pas en eux, je ne renouvellerai pas d'inutiles protestations; j'attendrai, j'écouterai mon arrêt en silence; et au pied de l'échafaud, si ma voix s'élève, ce sera pour prier, monsieur, et non pas pour maudire... Vous pleurez...

DELANNOYE, *dont les sanglots étouffent la voix.*

Pourquoi vous cacherais-je mes larmes? Je pleure, Marie, parce que les accens partis du cœur arrivent toujours au cœur, et qu'à celui qui vous écoute ou qui vous regarde, votre crime semble impossible. Quel langage aura donc la vérité si le mensonge emprunte le vôtre?

MARIE, *avec joie.*

Ah! monsieur, pour que je meure avec calme et résignation comme toute chrétienne doit mourir, dites-moi, oh! dites-moi que sur ma tombe une voix murmurera ces mots : elle était innocente, et que cette voix sera la vôtre.

DELANNOYE, *se levant.*

Oui, je le dirai, moi, car si ma raison vous condamne encore, ma conviction vous absout. En vous écoutant, Marie, je retrouve en vous la jeune fille innocente et pure qui s'est jetée dans les bras du vieillard pour lui demander secours et protection. En vous écoutant, je crois encore être père... et quand je vous condamnerai... je croirai condamner mon enfant... ah! cette cruelle sentence... je ne la prononcerai pas.

MARIE.

Que dites-vous?

DELANNOYE.

Je dis, Marie, que si vous arrivez à Troyes, vous êtes perdue, car ce rayon céleste qui m'éclaire ne descendra pas dans toutes les consciences : ils vous condamneront... je dis, Marie, que vous n'irez pas à Troyes... Vous n'avez jamais désespéré de Dieu, et c'est lui qui m'inspire... Écoutez, écoutez, vous ne pouvez rester dans cette maison, car, à l'heure où je parle, on délivre peut-être l'ordre de venir vous en arracher! Vous ne pouvez non plus chercher un autre asile, chaque pas que vous feriez au dehors serait un danger ; votre signalement a été répandu dans toute la province; votre intérêt, mon devoir ne me permettent donc pas de vous laisser libre; je ne puis que vous trouver une retraite profonde et sûre, où vous attendrez, captive, mais tranquille au moins, que votre innocence puisse être prouvée. Vous quitterez le château ce soir même ; dans une heure, je partirai pour préparer la supérieure du couvent des Carmélites à recevoir une de mes parentes. Je ne vous emmènerai point avec moi, cela éveillerait ici les soupçons ; mais mon domestique est un homme de confiance, c'est lui qui vous conduira ; vous laisserez à ma sœur une lettre qui, en la tranquillisant sur votre sort, l'empêchera de faire courir sur vos traces.

MARIE.

Mais ne vous compromettez-vous pas, monsieur?

DELANNOYE.

Si Dieu vous a placée encore une fois sur ma route, c'est pour que je vous sauve, et je le ferai, Marie, car la conscience est plus forte que le devoir !

MARIE, *baisant les mains de Delannoye.*

Ah ! monsieur, monsieur !

DELANNOYE.

Prenez garde... on vient.

SCÈNE VIII.

MARIE, Mme GARIN, DELANNOYE, VICTORINE.

Mme GARIN, *embrassant Delannoye.*

Mon frère !...

DELANNOYE.

Ma chère Julie, je n'ai voulu confier à personne cette lettre de notre Émile, qui vous devait rendre si parfaitement heureuse; elle m'a été apportée par un jeune officier de marine de ses amis, qui, arrivé ce matin à Troyes, repart demain pour s'embarquer de nouveau.

Mme GARIN.

Et ce jeune homme se chargerait d'une lettre pour mon fils?

DELANNOYE.

Sans doute ; écrivez-la vite, et je la prendrai pour la remettre moi même à...

Mme GARIN.

Comment, vous me quittez?

DELANNOYE.

A l'instant.

VICTORINE.

Bah !

DELANNOYE.

Hâtez-vous, ma sœur ; une affaire grave et qui ne peut souffrir de retard me rappelle à Troyes.

Mme GARIN.

Il faut donc qu'à toutes les joies il se mêle une peine? Mais je n'insisterai pas si votre devoir vous commande impérieusement ce départ... quelques lignes seulement, et je descends.

Elle sort.

DELANNOYE*.

Victorine?

VICTORINE.

Monsieur le président.

DELANNOYE.

Dites à Joseph, mon domestique, qu'il faut que je lui parle.

VICTORINE.

Ça suffit, monsieur.

Elle sort.

SCÈNE IX.

MARIE, DELANNOYE, *puis* JOSEPH**.

DELANNOYE.

Ce Joseph est l'homme auquel je vais vous confier; il est à mon service depuis plus de vingt ans, et sa discrétion est à toute épreuve; le voici**. Joseph, tu vas faire approcher mon cabriolet; mais avant, écoute; je vais partir sans toi; je te laisse dans ce village pour qu'à tout prix tu trouves une voiture et un cheval; il n'y a pas une minute à perdre, songes-y bien. Dans une heure, tu viendras frapper à cette fenêtre; elle s'ouvrira, et mademoiselle t'ira joindre; tu la conduiras en toute hâte à cette adresse. (*Il écrit au crayon.*) Joseph, pas un mot à personne de l'ordre que je te donne; il faut que tout le monde ignore ce projet de départ. Voici ma bourse, ne la ménage pas... tu entends bien, à minuit, à cette fenêtre... va.

Joseph sort.

MARIE.

Ah! monsieur, comment reconnaître jamais...

DELANNOYE, *montrant Mme Garin.*

Chut!

SCÈNE X.

LES MÊMES, Mme GARIN.***

Mme GARIN.

Voici ma lettre, mon frère; je ne sais vraiment ce qu'elle contient... cette arrivée inattendue... ce départ si prompt, tout cela m'étourdit. J'étais tout-à-l'heure bien heureuse; me voila presque triste, à présent.

DELANNOYE.

Excusez-moi, ma sœur; mais...

Mme GARIN.

J'avais tant de choses à vous dire... du moins, vous avez vu notre Stéphanie; n'est-ce pas qu'elle est charmante?

MARIE, *à la fenêtre.*

Votre voiture est prête, monsieur.

* Marie, Victorine, Delannoye.
** Marie, Delannoye, Joseph.
*** Marie, Delannoye, Mme Garin, Victorine.

DELANNOYE.

Adieu, ma sœur.

Mme GARIN.

C'est donc une affaire bien grave que celle qui vous appelle? Je ne vous ai jamais vu si préoccupé.

DELANNOYE.

Un jour viendra, peut-être, où je pourrai vous dire le motif... adieu, adieu, ma chère sœur. (*Bas à Marie.*) A minuit... et songez qu'il y va de votre liberté, de votre vie peut-être.

Il sort; Mme Garin le conduit jusqu'au vestibule, puis rentre; la nuit est venue à l'entrée de Mme Garin et de Victorine.

SCÈNE XI.

MARIE, Mme GARIN.

Mme GARIN.

Il est parti!... quand le reverrai-je, à présent?... Cette fois, au moins, il me laisse du bonheur après lui! Mon Émile, mon fils, s'est distingué; son général l'a attaché à sa personne. Stéphanie, avant de monter dans votre chambre, vous passerez chez moi, je vous lirai la lettre d'Émile; vous verrez comme il m'aime! vous viendrez, n'est-ce pas?

MARIE, *lui baisant la main, et cherchant à étouffer ses sanglots.*

Oui, oui, madame...

Mme GARIN.

Vous pleurez encore?... C'est ma faute; devant vous j'aurais dû contenir ma joie...

MARIE.

Oh! madame, vous savoir heureuse sera toujours un adoucissement à mes chagrins. Si je pleure, c'est qu'une pensée m'est venue... c'est qu'il m'a semblé que je ne devais plus vous revoir...

Mme GARIN.

Ah!

MARIE.

Dites-moi, madame, que vous garderez un souvenir à la pauvre étrangère; dites-moi qu'en priant pour votre fils quelquefois vous prierez pour elle.

Mme GARIN.

Chère enfant!

MARIE.

Oh! pardonnez-moi d'avoir troublé votre bonheur!...

Mme GARIN.

Je ne veux pas vous laisser seule avec d'aussi tristes pensées; venez avec moi, mon enfant, vous passerez cette nuit dans mon appartement.

MARIE.

Non, non, madame... rentrez, rentrez... j'irai ce soir vous demander votre bénédiction... elle me rendra un peu de calme et de courage.

Mme GARIN.

A ce soir...

MARIE, *lui baisant la main.*

A ce soir.

Mme Garin monte l'escalier et ne disparait qu'après avoir à plusieurs reprises regardé Marie qui de son côté ne la quitte pas des yeux.

SCÈNE XII.

MARIE, *puis* VICTORINE.

MARIE.

Encore un lien brisé... cet adieu est éternel, sans doute ; je ne la verrai plus; écrivons maintenant, car je n'aurais plus de force pour une nouvelle séparation.

Elle se met à une table, et écrit.

VICTORINE.

Voilà M. le président parti... madame est remontée chez elle... je vas ranger ici... puis j'irai me coucher. Est-ce que vous allez veiller encore tard, mamselle?... Je vous attendrai si vous voulez.

MARIE.

Non, non... je désire, au contraire, rester seule pour terminer cette lettre

VICTORINE.

Vous écrivez à votre père, sans doute ?

MARIE, *avec un mouvement.*

Mon père !

VICTORINE.

V' là encore la curiosité qui me poignarde... tenez, mamselle, je m'en vas... j'ai une langue qui ne peut pas se tenir tranquille, et ça vous distrairait de votre lettre Donnez-moi, s'il vous plait, cet imprimé de tantôt, vous savez... je le lirai pour m'endormir.

MARIE, *à part.*

Ah !... (*Haut.*) Je ne sais ce que j'en ai pu faire... je ne l'ai plus.

Ici le bruit de la cloche.

VICTORINE.

Qu'est-ce qui peut venir si tard ?

MARIE.

En effet... c'est étrange...

VICTORINE.

Pourvu que le jardinier soit encore debout, pour aller ouvrir... je vas voir.

Elle sort.

MARIE.

M. Delannoye se sera trompé... le danger était plus pressant encore qu'il ne le croyait... et Joseph arrivera trop tard. (*Elle court à la fenêtre.*) L'obscurite est si profonde que je ne puis disitinguer...

VICTORINE, *rentrant.**

Voilà bien une autre affaire, c'est notre nouvel intendant qui arrive à franc étrier pour ne pas manquer de parole à madame... voilà un homme exact, vous allez le recevoir, n'est-ce pas, pendant que j'avertirai madame?

* Victorine, Marie.

MARIE.

Je vous en supplie, ne me mettez pas en présence de cet étranger.. conduisez-le au salon.

VICTORINE.

C'est juste, il attendra là sans déranger personne... prêtez-moi votre lumière, mamselle... (*Elle court au fond et laisse ainsi Marie dans l'obscurité.*) Par ici, monsieur René, par ici...

SCÈNE XIII.

A ce moment, on voit paraître au fond un homme enveloppé d'un long manteau ; il traverse la salle basse.

FRANCIS, *à la cantonnade.*

Veillez, je vous prie, à ce qu'on ait grand soin de mon cheval...

VICTORINE.

Par ici, monsieur René, par ici...

Il suit Victorine qui l'éclaire et monte l'escalier devant lui ; l'étranger n'a pas remarqué Marie et disparaît avec Victorine.

MARIE.

C'est lui... lui, mon père... sous un nom qui n'est pas le sien !... Oh ! sa présence dans cette maison est le présage de quelque affreux malheur ! et je laisserais ma bienfaitrice à la discrétion de cet homme... oh ! non, non... je resterai pour la défendre .. je... (*Ici on frappe à la fenêtre.*) C'est le signal convenu... Joseph est là qui m'attend... si je tarde... je me perds, car M. Delannoye me l'a dit... j'ai été reconnue, dénoncée... et demain, cette nuit même peut-être... mais si je pars, Mme Garin sera victime de quelque horrible machination... Ah ! je n'hésite pas... on m'arrêtera demain; mais cette nuit j'aurai forcé cet homme de quitter cette maison, de renoncer à ses projets... oui, demain il sera loin d'ici... ou il m'aura tuée.

SCÈNE XIV.

MARIE, VICTORINE.

VICTORINE.

Mlle Stéphanie, madame qui cause dans le salon, avec ce M. René, vous prie de monter l'attendre dans sa chambre, elle veut absolument vous parler ce soir.

MARIE.

J'y vais !

On frappe encore à la fenêtre.

VICTORINE.

Qu'est-ce que ce bruit-là ?

MARIE, *vivement.*

Rien ! le vent qui frappe sur ces carreaux... voilà tout.

VICTORINE, *s'en allant.*

Vous montez chez madame, n'est-ce pas?

MARIE, *à part.*

Oui, maintenant, la sauver ou mourir !

ACTE QUATRIÈME.

Un cabinet, bureau, cartons, casiers, meubles sévères. Au premier plan, à gauche, porte conduisant a une chambre a coucher. Au fond, a gauche, une fenêtre ouvrant sur la campagne ; au fond, plus a droite, une porte conduisant en dehors ; a droite, au deuxième plan, une porte vitree communiquant à un escalier derobé, qui conduit à l'appartement de Mme Garin ; une cheminee à droite.

SCÈNE PREMIÈRE.

Mme GARIN, FRANCIS.

Au lever du rideau, Francis et Mme Garin sont assis devant la cheminée ; Mme Garin tient a la main une lettre dont elle vient d'achever la lecture ; lampe sur la cheminée et sur le bureau.

Mme GARIN.

Monsieur René, la lettre de mon notaire me donne tout lieu de croire que vous remplacerez avantageusement l'excellent M. Fargeot; il ne me reste plus qu'à vous remercier de votre empressement et de votre exactitude vraiment scrupuleuse; car vous étiez souffrant, et le voiturier qui a déposé vos malles ne nous annonçait votre arrivée que pour demain tout au plus tôt.

FRANCIS.

En effet, madame, sans un mieux inespéré que j'éprouvai dans la journée, il m'aurait fallu vous manquer de parole.

Mme GARIN.

Cette course à cheval vous a dû fatiguer beaucoup, et l'heure est d'ailleurs trop avancée pour que nous parlions d'affaires. (*Elle se lève.*) Demain, je vous conduirai dans mon cabinet. Vous trouverez dans mon secrétaire, dont voici la clef, tous mes titres de propriété, mes baux, mes fermages; je vous consulterai sur l'emploi d'une somme assez considérable, produit de la vente d'une de mes terres... nous en arrêterons le placement. Je vais vous laisser; cet appartement sera le vôtre... mon frère ne devant pas l'occuper cette année... cette porte conduit à votre chambre à coucher, celle-ci ouvre sur un escalier dérobé qui mène à mon appartement situé juste au-dessus du vôtre... êtes-vous matinal, monsieur ?

FRANCIS.

Oui, madame.

Mme GARIN.

En ce cas, vous pourriez, demain avant mon lever, monter à mon cabinet et examiner des pièces que mon procureur m'a envoyées et qui sont relatives à un procès assez grave. Je serais enchantée d'avoir dès demain votre avis sur ce procès.

FRANCIS.

Quand je vous verrai, madame, j'aurai examiné chacune des pièces du dossier.

Mme GARIN.

A merveille... il faut alors que je vous montre le chemin que vous devez prendre... Ah! pardon...

Elle sonne.

SCÈNE II.

LES MÊMES, VICTORINE*.

VICTORINE.

Vous avez sonné, madame?

Mme GARIN.

Oui, servez une collation là sur ce bureau, et ne sortez pas d'ici sans avoir pris les ordres de monsieur René...

VICTORINE.

Ça suffit, madame...

Mme GARIN, *prenant une des lampes.*

Maintenant, monsieur, veuillez me suivre.

FRANCIS.

Madame, je suis à vos ordres.

Ils sortent tous deux par la porte à droite.

SCÈNE III.

VICTORINE, *puis* MARIE.

VICTORINE.

Eh bien! il me plaît, ce M. René... à la bonne heure!... Il n'a pa l'air d'un singe malade comme ce vieux père Fargeot... Pauvre cher homme! il avait une bien belle ame; mais quelle tête!.. au lieu que cet intendant-là fera honneur à la maison... un bel homme... ça meuble.

MARIE, *entrant vivement.**

Victorine?

VICTORINE.

O Jésus! que vous m'avez fait peur!... J'ai cru que c'était le père Fargeot qui revenait de l'autre monde pour me... A cause que vous n'avez pas attendu madame dans sa chambre?

MARIE, *à part.*

L'inquiétude me tuait... savoir Mme Garin avec... (*Haut.*) Victorine, où est votre maîtresse?

VICTORINE.

Qu'est-ce que vous avez donc, mamselle?... Je ne vous ai jamais vu une figure bouleversée comme à présent.

MARIE.

Ah! Victorine!... ne voulez-vous pas me répondre?

* Mme Garin, Francis, Victorine.

** Victorine, Marie.

VICTORINE.

Eh bien! madame était ici tout-à-l'heure, et elle vient de monter dans son cabinet avec son nouvel intendant, M. René.

MARIE, *à part.*

Seule avec lui... (*Haut.*) Victorine! il faut aller la joindre... il ne faut pas la quitter...

VICTORINE.

Laissez-donc... Madame n'a besoin de personne pour la garder... d'ailleurs, j'ai à faire en bas.

MARIE.

Eh bien! j'y vais moi... Ah! (*elle s'arrête en apercevant Mme Garin*) la voilà!

SCÈNE IV.

Mme GARIN, MARIE, VICTORINE.

VICTORINE.

Vous voyez bien que madame n'était pas perdue... Tiens, où donc est M. René?

Mme GARIN

Il vient de descendre pour s'assurer que Jean-Louis avait bien pris soin de son cheval.

VICTORINE.

Eh bien! pendant qu'il s'occupe de sa bête, je vas m'occuper de lui.

Elle sort en courant.

Mme GARIN. *

Qu'avez-vous donc, mon enfant? votre main tremble dans la mienne...

MARIE.

Madame, vous m'avez offert tantôt de passer cette nuit dans votre appartement... j'avais refusé d'abord... mais, depuis, je ne sais quelles folles pensées me sont venues... j'ai peur... oui, j'ai peur pour vous et pour moi... et je vous supplie de me permettre de ne pas vous quitter.

Mme GARIN.

Je ne puis comprendre d'où vous vient cette terreur étrange et subite... mais j'accède volontiers à votre demande... Vous resterez cette nuit auprès de moi.

MARIE.

Oui... dans la chambre qu'il faut traverser pour arriver à la vôtre.

Mme GARIN, *étonnée.*

Dans celle-là soit... ne me direz-vous pas le motif de..?

MARIE.

Oh! des pressentimens vagues... des craintes imaginaires, peut-être..

* Mme Garin, Marie.

SCÈNE V.

LES MÊMES, VICTORINE *, *rentrant avec un plateau.*

VICTORINE.

Voilà ce que j'ai trouvé de meilleur dans la maison... Dites donc, madame; je crois que c'est un original, ce M. René..... Croyez-vous qu'à l'heure qu'il est, et par le temps qu'il fait, il se promène dans la cour... il regarde les murs, la grille, le parc, sans s'apercevoir qu'il pleut comme au temps du déluge.

Mme GARIN.

Vous avez fait du feu dans la chambre de M. René?

VICTORINE, *occupée de dresser son plateau.*

Oui, madame.

Mme GARIN, *rentrant.*

Tout est en ordre dans cet appartement, nous pouvons nous retirer... Venez, Stéphanie, c'est à vous surtout que le repos est nécessaire.

MARIE.

Je vous suis, madame... (*Elle place vivement sous la serviette de Francis le papier qu'elle avait dans la main; puis en passant devant Victorine, elle lui dit à voix basse.*) Ne dormez pas cette nuit.

Elle sort avec Mme Garin.

SCÈNE VI.

VICTORINE, *seule; puis* FRANCIS.

VICTORINE.

Ne dormez pas cette nuit... Quoi qu'il y a donc? V'là la peur qui me galope à présent...

FRANCIS.

Quel horrible temps!

VICTORINE, *se retournant.*

Ah!

FRANCIS.

Qu'avez-vous donc?

VICTORINE.

Pardon, monsieur l'intendant... c'est que je ne vous attendais pas là derrière... moi, et dam! ça m'a saisie... Monsieur, voilà votre souper, et votre feu brille dans votre chambre... Vous n'avez rien à me commander?

FRANCIS.

Rien...

VICTORINE.

Je peux m'en aller?

FRANCIS.

Sans doute.

VICTORINE, *à part, en allumant son bougeoir.*

C'est drôle! en pensant au grand corridor qu'il faut traverser pou'

* Victorine, M. Garin, Marie.

gner mon lit, j'ai comme un frisson qui me glisse partout. Mlle Stéphanie va me faire passer une jolie nuit! enfin je ne peux pas rester ici... (*Haut.*) Bonsoir, monsieur René.

FRANCIS.

Bonsoir... Est-ce que votre chambre est dans ce corps de logis?

VICTORINE.

Tout en haut, monsieur, au bout d'un grand corridor... C'est bien loin, allez... (*A part.*) Pourvu que le vent n'éteigne pas ma lumière!

Elle sort.

SCÈNE VII.

FRANCIS, *seul.*

Me voilà seul... C'est une étrange chose que la vie!... hier, à la veille de quitter la France, désespérant de la fortune et de moi-même, n'emportant que quelques misérables pièces d'or que Samuel consentait à me donner pour se débarrasser d'un hôte dangereux, ou tout au moins incommode... aujourd'hui installé dans un château.. investi de la confiance d'une digne veuve, qui met à ma discrétion sa cassette et son écrin. René, malade chez Samuel s'apercevra demain peut-être que sa lettre de créance lui a été enlevée, et ma disparition subite lui fera deviner que de ses mains elle a passé dans les miennes... il pourrait me poursuivre; mais cette nuit doit suffire à l'accomplissement de mon projet... Deux femmes sans défiance, un jardinier endormi, point de résistance à craindre... Mme Garin m'a complaisamment elle-même indiqué la route qui conduit à son cabinet... mon cheval est excellent et m'aura bientôt mis à l'abri des premières poursuites... dans vingt-quatre heures je serai hors de France, hors de tout danger, et cette fois, Dieu merci! je ne laisserai pas de trace sanglante derrière moi. Quant à l'affaire de Rétheuil, je ne suis pas même soupçonné, et Marie est seule accusée... Marie!... crédule enfant! où donc est cette Providence en laquelle tu mettais ton espoir et ta foi? La Providence! c'est le hasard... Heureusement Marie n'est plus aux mains de la justice, et si elle y retombait, une fois que je serai hors d'atteinte, nous verrons. (*Regardant la pendule.*) Ah! que cette aiguille marche lentement!... Il faut attendre cependant que le sommeil me laisse seul le maître de cette maisont, dans une heure je... (*Apercevant un portrait.*) Ah! Marie... je ne me trompe pas, ces traits sont ceux de Marie quand elle était enfant. (*Il le détache.*) Cette ressemblance est extraordinaire... oh! c'est bien Marie... Si je croyais encore à quelque chose, cette étrange apparition me semblerait être un avertissement... Oh! jeu du hasard... voilà tout... (*Il jette le médaillon.*) On marche dans l'appartement supérieur... Patientons encore... toute la journée de demain ne sera qu'une longue et rude marche. (*Il se place devant le plateau, prend sa serviette et trouve le papier que Marie y a glissé.*) Que veut dire cela?... « Vous êtes reconnu... » Hum!... « Mais » on ne veut pas vous perdre... Quand tout le monde reposera on frap- » pera au-dessus de vous, on vous donnera de l'étage supérieur le moyen » de descendre dans la campagne; là route qu'on vous prépare, quelque » dangereuse qu'elle soit, est la seule qui vous reste, la grille résiste- » rait à tous vos efforts. Fuyez, fuyez... » Je ne suis pas la proie d'un songe... j'ai bien lu... Quelle main a donc pu tracer cet étrange billet?... qui m'a pu reconnaître ici?... Est-ce un ami... un ennemi? m'a-t-on suivi...

épié?... Je m'y perds... (*On frappe à l'étage supérieur.*) On me donne le signal convenu... Par cette croisée, peut-être je découvrirai... (*Il l'ouvre, et l'on voit alors descendre des draps.*) On me tient parole; que faire? m'avouer vaincu abandonner la partie? Non!... Celle que je voulais jouer ici est assez belle et vaut bien ma vie pour enjeu... Je reste... J'attendrai, je braverai cet être invisible et mystérieux: s'il m'aborde en ennemi, j'ai là ce qu'il faut pour le recevoir... En entrant ici, d'ailleurs, n'étais-je pas préparé à tout?... pourtant soyons prudent... Ce personnage inconnu, garde sans doute le chemin que je dois prendre... Une lutte engagée si près de Mme Garin serait dangereuse... mieux vaudrait attirer ici mon adversaire... une fois là... seul à seul... Oui... Il est là sans doute, derrière ce vitrage... il suit tous mes mouvemens... paraissons lui obéir... attachons ces draps à cette fenêtre. (*Il les attache.*) La distance a été bien calculée... (*Il revient.*) Éteignons cette lumière... et maintenant attendons là, sur ce balcon... On viendra s'assurer de mon départ... alors... Hâtons-nous.

Il exécute tout cela, un instant après la porte vitrée s'ouvre et Marie paraît,

SCÈNE VIII.

MARIE, FRANCIS, *sur le balcon.*

MARIE.

Il est parti... Mon Dieu! vous m'avez épargné le supplice de me retrouver en face de cet homme...

FRANCIS, *bas.*

Une femme!

MARIE.

Il doit avoir gagné la route. (*Elle s'approche de la fenêtre; Francis se montre alors* *.) Ah!

FRANCIS, *lui mettant la main sur la bouche.*

Taisez-vous...

MARIE, *avec un cri d'effroi.*

Mon père!

FRANCIS, *reculant.*

Marie!

Moment de silence.

FRANCIS, *regardant Marie, à la clarté de la lune.*

Oui, c'est bien elle! Fatale rencontre!... (*Cherchant à se remettre lui-même.*) Pourquoi trembler ainsi?... Relevez-vous. (*Il la relève, et Marie s'éloigne vivement de lui.*) Qui vous a conduite dans cette maison? C'est vous qui m'avez écrit ce billet?

MARIE.

C'est moi.

FRANCIS.

Vous ne m'avez nommé à personne?

MARIE

A personne.

FRANCIS.

Et vous êtes descendue seule?

* Francis, Marie.

MARIE.

Seule.

FRANCIS, *avec joie.*

Rien n'est perdu alors!

MARIE

Mais si j'ai gardé le silence, si je suis venue seule à vous, monsieur, c'est que je me suis sentie assez forte pour vous faire renoncer à vos projets.

FRANCIS.

A mes projets...

MARIE.

Quels qu'ils soient, ils ne s'accompliront pas... car cette nuit, tout-à-l'heure, vous quitterez cette maison...

FRANCIS.

Et comment prétendez-vous m'y forcer?

MARIE.

En disant à tous que ce nom de René n'est pas le vôtre... en disant encore... mais vous ne me forcerez pas d en venir à cette extrémité... et vous allez partir, n'est-ce pas?...

FRANCIS.

Pour m'oser tenir un pareil langage, Marie croit sans doute que j'ignore ce qui s'est passé depuis notre séparation... elle me menace de dire ici mon véritable nom... mais on n'y doit pas connaître le sien... je n'aurais qu'à le prononcer, moi, pour la confondre et la perdre...

MARIE, *avec indignation et mépris.*

Ah! vous m'accuseriez, vous, vous!...

FRANCIS.

Ce nom n'est-il pas inséparable maintenant des mots de meurtre, d'assassinat?

MARIE, *avec force.*

Plus bas, plus bas... Si l'un de nous deux doit faire trembler l'autre, ce n'est pas vous, monsieur; tout-à-l'heure, je l'avoue, je n'ai pas été maîtresse d'un premier mouvement d'effroi... Il n'y a qu'un instant, j'étais encore sous l'empire de je ne sais quel sentiment de respect ou de pitié... j'aurais frémi de prononcer devant vous ces mots de meurtre et d'assassinat qui, sortis de votre bouche, m'ont glacée d'horreur... Vous me menacez!... et je voulais vous épargner, moi, et je voulais peser chacune de mes paroles pour qu'elles ne fissent pas monter la rougeur de la honte au front de mon père... mais vous venez de briser ce lien qui me retenait encore.. Oh! vous m'avez rendu ma force et mon courage. Je vous ai dit que, seule, je vous contraindrais d'abandonner la proie que vous êtes venu chercher... et vous allez comprendre qu'il faut m'obéir, car je suis déterminée à faire, pour sauver ma bienfaitrice, ce que j'ai refusé de faire pour me sauver moi-même!

FRANCIS.

Et que ferez-vous?

MARIE.

Je nommerai le véritable assassin d'Étienne; car je le connais.

FRANCIS.

Vous!

MARIE.

Je l'ai vu.

FRANCIS.

Ah !

MARIE.

Eh bien ! monsieur, qui de nous deux a peur de l'autre? qui de nous deux tremble, à présent?..

FRANCIS.

Plus bas, Marie : tu ne veux pas me perdre.

MARIE.

Non, monsieur ; car je me souviens encore que je suis votre fille... mon sang est à vous; je le donnerai s'il le faut pour racheter le vôtre... mais vous livrer la vie de ma bienfaitrice quand je puis vous la disputer... * oh ! non pas, monsieur.

FRANCIS.

Tais-toi, Marie ! tais-toi... je ne veux pas sa mort; ici, je n'aurai pas besoin d'avoir recours à la violence... Tu me laisseras agir.

MARIE.

Plus qu'un mot, monsieur, le jour va paraître... il me reste à peine le temps d'accomplir le devoir que je me suis tracé... Sortez, monsieur, sortez ! ou j'appelle !... entendez-vous, j'appelle !

FRANCIS, *froidement.*

Tu ne l'oseras pas, Marie.

MARIE.

On est prévenu, monsieur, au premier bruit on accourra.

FRANCIS.

Ce signal d'alarme, tu ne le donneras pas, et malgré toi j'exécuterai mon projet

MARIE, *se plaçant devant la porte.*

Vous me tuerez alors !

FRANCIS.

Non; mais j'étoufferai tes cris.

MARIE, *se jetant derrière un fauteuil et courant au cordon de sonnette.*

Que Dieu vous sauve, monsieur, car je vais vous perdre, moi !

Francis arrive avant elle à la cheminée, saisit violemment son bras et la renverse à demi en lui posant un mouchoir sur la bouche.

FRANCIS.

Malheureuse ! (*Ici la cloche de la grille est violemment agitée; Francis et Marie restent sans mouvement.*) Qu'est-ce que cela ?

MARIE.

La maréchaussée qui poursuit le meurtrier d'Étienne.

FRANCIS *avec effroi.*

Le meurtrier d'Étienne !...

MARIE.

Pourquoi cette terreur ? ce n'est pas vous, c'est moi qu'on vient arrêter

* Marie, Francis.

FRANCIS.

Toi!

Bruit de cloche.

MARIE.

Vous le voyez, Dieu me vient en aide, il faut fuir.

FRANCIS.

Oui, sans doute, il le faut; viens, fuyons* !

MARIE.

Non, je reste, moi.

FRANCIS.

Oh! non pas, tu comptes trop sur tes forces... une fois en présence de tes juges, tu me perdrais pour te sauver.

MARIE.

Écoutez... on se lève, on court ouvrir.

VICTORINE, *en dehors.*

Mademoiselle Stéphanie! mademoiselle Stéphanie!

MARIE.

Quelques minutes encore, et la fuite ne sera plus possible.

FRANCIS.

Tu sais mon secret, tu ne dois plus me quitter.

MARIE, *s'accrochant au verrou de la porte du fond.*

Je puis mourir pour vous, monsieur; mais vous suivre, jamais... partez, partez.

FRANCIS.

Non, non.

UNE VOIX *forte.*

Au nom du roi, ouvrez!

MARIE.

On va briser cette porte... fuyez, fuyez.

FRANCIS.

Puisqu'il le faut, je pars... Marie, pas un mot, je te sauverai.

MARIE, *courant à la fenêtre.*

On n'avait pas songé à garder cette issue.

Francis disparait à l'aide des draps.

LA VOIX.

Enfoncez cette porte.

MARIE.

Je n'ai plus à craindre que pour moi, je puis ouvrir.

Elle ouvre.

* Marie, Francis.

SCÈNE IX.

MARIE, L'ESPION, UN OFFICIER DE MARÉCHAUSSÉE, VICTORINE, CAVALIERS DE MARÉCHAUSSÉE.

VICTORINE.

Je vous dis que vous vous trompez; tenez, la voilà, et ce n'est pas celle que vous cherchez.

L'ESPION.

C'est bien elle, monsieur le capitaine; le signalement est exact, comparez vous-même.

L'OFFICIER.

Ne vous nommez-vous pas Marie Beaudouin?

VICTORINE.

Marie Beaudouin, elle, une meurtrière! par exemple! mais répondez donc, mademoiselle.

MARIE.

Marie est en effet mon véritable nom.

VICTORINE.

Miséricorde!

L'OFFICIER, *aux gardes.*

Emparez-vous de cette femme.

SCÈNE X.

LES MÊMES, Mme GARIN*.

Mme GARIN.

Pourquoi ce bruit? pourquoi tout ce monde? Que se passe-t-il ici

VICTORINE.

Ah! madame, si vous saviez... on veut arrêter...

Mme GARIN.

Qui donc? Stéphanie... oh! mais je ne le souffrirai pas, je la défendrai.

L'OFFICIER.

Madame, c'est elle qui a tué le fils du fermier Marcellin.

Mme GARIN.

Ah!

MARIE, *à part.*

Accusée, flétrie devant elle!

Mme GARIN.

Oh! mais cela ne peut pas être. Stéphanie, dites leur donc qu'ils se trompent.

VICTORINE.

Mais elle a avoué, madame.

* Marie, Mme Garin, l'Espion, l'Officier, Victorine

Mme GARIN.

Malheureuse !

MARIE, *à part.*

Elle va me maudire, et c'est pour elle.

L'OFFICIER, *à un de ses cavaliers.*

Partons.

MARIE, *tendant les mains aux cordes.*

O mon courage, ne m'abandonne pas !

ACTE CINQUIÈME.

Un parloir d'un couvent abandonné occupant quatre plans ; portes latérales ; à gauche du spectateur, un vieux confessionnal en débris, ouvrant sur le parloir et communiquant à l'extérieur par une porte cachée dans la boiserie.

SCÈNE PREMIÈRE.

LE GUICHETIER, UN GARÇON SERRURIER.

ANDRÉ.

Voilà toutes ces vieilles grilles, ces barreaux rouillés remis en état... il y a eu peu de besogne, au reste ; rien de plus facile à transformer en prison qu'un couvent. Je plains les bons religieux qui ont jadis habité cet ancien et sombre monastère : leurs supérieurs avaient eu des inventions qui feraient honneur à un geôlier... par exemple, des cachots, des oubliettes. Voici M. le président, je vais vous conduire jusqu'au second guichet.

Le Serrurier sort avec le Guichetier.

SCÈNE II.

LE PRÉSIDENT, SON SECRÉTAIRE.

DELANNOYE, *des papiers à la main, lisant.*

« La retraite de Marie B audouin a été signalée hier au soir. Ordre » a été donné de l'arrêter cette nuit.» (*Parlant.*) Le capitaine Beaulieu, chargé de cette expédition, n'est pas de retour ?

LE SECRÉTAIRE.

Pas encore.

DELANNOYE.

Portez ces papiers dans mon cabinet.

Le Secrétaire salue et sort.

DELANNOYE.

Marie ne s'est pas trouvée au rendez-vous convenu, elle m'avait donc trompé! elle était donc coupable ? Oh ! malgré ce doute affreux qui se glisse dans mon cœur, je me surprends à désirer encore qu'elle échappe aux recherches.

Bruit au dehors.

SCÈNE III.

SAMUEL, SIMON, DELANNOYE, ANDRÉ.

LE GUICHETIER.

Voilà M. le président.

DELANNOYE.

Simon!

SIMON.

Oui, monsieur le président, Simon qui vous apporte une fameuse découverte. (*Samuel fait un mouvement.*) Monsieur le président, ne le laissez pas parler avant moi.

DELANNOYE.

Quel est cet homme?

SIMON.

Pas grand'chose, et vous allez en juger. Figurez-vous, monsieur le président, que j'étais venu à Troyes, parce que c'est aujourd'hui jour de grand marché, et quoiqu'on soit dans le chagrin, il faut que les affaires marchent et que les grains se vendent. En tournant le coin de la rue Sainte-Catherine, je remarque une boutique de bijoutier, et je m'arrête pour voir si je ne trouverais pas quelque colifichet à porter à ma pauvre Michelette; qu'est-ce que j'aperçois à l'étalage? le collier de perles que vous aviez envoyé en cadeau de noces à ma femme, et que j'avais mis moi-même dans le tiroir avec le fameux portefeuille. Le collier de perles avait disparu; mais, dans le premier trouble, on n'avait pas songé à en faire la déclaration. A la vue de ce collier, il m'arrive une foule d'idées; je me dis qu'il a été volé la nuit de l'assassinat, qu'il a dû être vendu par celui qui l'a volé, et que celui qui l'a acheté nous dira le nom du voleur. Là-dessus j'ameute du monde; on connait dans toute la ville le malheur qui nous a frappés, on s'anime avec moi, on crie avec moi, on entre avec moi chez le bijoutier, on l'arrête sans lui donner le temps de se reconnaître, et je vous l'amène pour que vous l'interrogiez: voilà ma découverte, monsieur le président.

DELANNOYE*.

Ce collier est bien, en effet, celui que je donnai à Michelette. Pouvez-vous expliquer comment il se trouve entre vos mains?

SAMUEL.

Je suis un honnête bijoutier, monsieur le président, toute la ville connait Samuel...

DELANNOYE.

Vous ne répondez pas à ma question.

SAMUEL.

Voici les faits, monsieur le président; ma conscience ne me reproche absolument rien. Un de mes anciens clients vint me demander un asile, il y a quelques semaines. Le pauvre diable n'avait pas d'argent, et pour reconnaître l'hospitalité que je lui avais accordée, il m'offrit ce collier de perles: je l'acceptai, pensant que c'était un débris de sa fortune passée.

* Samuel, Delannoye, Simon.

SIMON.

Tout ça c'est louche.

DELANNOYE.

Silence. Le nom de cet homme.

SAMUEL

Monsieur le président, je. .

DELANNOYE.

Prenez garde! la loi punit sévèrement l'action que vous avez commise. Méritez, par votre franchise, l'indulgence des magistrats

SAMUEL, *à part.*

Au fait, j'aurais tort d'hésiter, il n'a pas balancé à me compromettre. (*Haut.*) L'homme qui m'a cédé ce collier s'appelle Francis Beaudouin.

DELANNOYE.

Francis Beaudouin!

SIMON.

Le père de Marie!

DELANNOYE.

Et ce Francis, où est-il?

SAMUEL.

Parti d'hier.

DELANNOYE.

Vous me trompez.

SAMUEL.

Non, monsieur le président; je vous jure, sur ce que j'ai de plus précieux que je dis la vérité. Je puis d'ailleurs prouver ce que j'avance : car ce Francis, que je ne voulais pas perdre, a traitreusement abusé de l'hospitalité que je lui avais donnée. Un de mes amis était descendu chez moi avant-hier; il se disposait à se rendre à Roemont, chez Mme Garin. .

DELANNOYE.

Chez ma sœur?

SAMUEL

Oui; pour y occuper la place d'intendant. Mais saisi d'un mal subit, obligé de s'aliter, il dut différer de se remettre en route. Il avait aussi connu autrefois Francis; sans défiance, il lui annonça son entrée au service de Mme Garin, lui montra même la lettre de créance que le notaire de cette dame lui avait remise. Et hier matin, Francis avait disparu, emportant avec lui la lettre de créance de René, de René, qui est malade encore, chez moi, vous attestera que j'ai dit la vérité

DELANNOYE*

Plus de doute : Francis essaiera de s'introduire à Roemont, sous le nom de René et ma sœur peut-être sera victime à son tour de quelque nouveau forfait

Il sonne, puis écrit à la hâte **

SAMUEL, *à part.*

Maître Francis, je suis fâché pour vous de ce qui arrive, mais cela vous apprendra à voler vos amis.

Le Secrétaire paraît.

DELANNOYE.

Faites monter à cheval quelques hommes de la maréchaussée, qu'ils cou-

* Delannoye, Simon, Samuel.

** André, Delannoye, le Secrétaire, Simon, Samuel

rent à Rocmont ventre à terre, qu'ils arrêtent qu'ils amènent ici un homme qu'ils y trouveront, et qui déclarera se nommer René. Allez, allez. (*Le secrétaire sort*.*) Simon, voilà le véritable coupable, voilà le véritable meurtrier du pauvre Étienne. Vous en aurez justice.

SIMON.

Merci bien, monsieur le président; mais au lieu d'un assassin, il y en a deux, v'là tout; car Marie n'en a pas moins été trouvée à la porte du pavillon, le portefeuille et le couteau presque encore dans ses mains. Ce Francis est un scélérat, ça parait certain, mais Marie est sa complice, elle sera restée pour aider son père à rentrer dans la ferme.

DELANNOYE, *tristement.*

Oui, les preuves qui accablaient Marie subsistent toujours.

SAMUEL.

Puis-je me retirer, monsieur le président?

DELANNOYE.

Vous resterez ici pour être confronté avec Francis, si, comme je l'espère, ce misérable tombe enfin au pouvoir de la justice.

SIMON.

C'est ça, monsieur le président, il ne faut lâcher personne; ils étaient peut-être trois. (*Grand bruit au dehors, cris, tumulte.*) Qu'est-ce que c'est que ça?

DELANNOYE, *au guichetier.*

Emmenez cet homme.

Samuel est emmené.

SIMON, *à la fenêtre.*

Ah! monsieur le président! que de monde! C'est une femme qu'on poursuit; on lui jette des pierres, on veut la tuer! Oh! mon Dieu! c'est elle c'est Marie!

DELANNOYE.

Marie. (*A son secrétaire qui entre.*) Courez, monsieur, courez, donnez des ordres, sauvez, sauvez cette jeune fille.

Le Secrétaire sort.

SIMON.

Rassurez-vous, monsieur le président, elle est entrée dans le couvent, on referme la grand'grille, les cavaliers balaient la place. (*Bruit.*) On vient. C'est elle! c'est Marie qu'on amène.

SCÈNE IV.

LES MÊMES, MARIE**.

MARIE, *courant à Delannoye.*

Oh! sauvez-moi, monsieur, sauvez-moi. (*Bruit au dehors.*) Entendez-vous, entendez-vous leurs cris de haine, de fureur? Ils m'ont insultée, frappée, moi, pauvre femme, dont les mains étaient liées et le visage découvert; ils voulaient me tuer. Mais que leur ai-je fait à ces hommes?

* Simon, Delannoye, Samuel.
** Simon, André, Marie, Delannoye.

SIMON.

Elle le demande.

DELANNOYE.

Simon, retirez-vous... j'ai besoin d'être seul avec Marie

SIMON.

C'est juste, monsieur le président; mais je ne quitterai pas la ville. Je vas faire savoir au père Marcellin, à Michelette, à tout le village que la criminelle est reprise, et que dans quelques jours... (*Mouvement de Delannoye.*) Pardon, monsieur le président, je m'en vas... a-t-elle une figure douce, cette hypocrite-là! hum!... je m'en vas monsieur le président, je m'en vas.

Il sort.

SCÈNE V.

MARIE, DELANNOYE.

DELANNOYE, *s'asseyant.*

Marie... ici je ne suis plus que votre juge... c'est donc votre juge qui va vous interroger; avant tout cependant, dites-moi si c'est volontairement que vous ne vous êtes point trouvée au rendez-vous qui avait été convenu.

MARIE.

Oui, monsieur.

DELANNOYE.

Joseph était venu frapper à votre croisée?

MARIE.

Il était venu.

DELANNOYE.

Vous étiez seule alors?

MARIE.

J'étais seule.

DELANNOYE.

Aucun obstacle ne s'opposait à votre départ?

MARIE.

Aucun.

DELANNOYE.

Pourquoi donc avez-vous refusé la voie de salut qui vous était offerte?

MARIE.

Je ne voulais plus quitter la maison de Mme Garin.

DELANNOYE.

Vous saviez cependant qu'on vous en devait venir arracher. O Marie! Marie! je ne croirai plus à l'innocence, à la vertu, si vous m'avez trompé. Vous avez donc voulu demeurer à Rocmont parce que vous y attendiez votre complice de Rétheuil?

MARIE.

Mon complice!

DELANNOYE.

Vous êtes donc restée à Rocmont comme vous étiez restée à Rétheuil pour preparer le crime?

MARIE.

Je ne vous comprend pas, monsieur.

DELANNOYE, *se levant.*

Oh! vous allez me comprendre, Marie... L'assassin d'Étienne est connu.

MARIE.

Ciel!

DELANNOYE.

Il a laissé une trace après lui... c'est Francis Beaudouin.

MARIE.

Mon père! on accuse mon père... oh! il est innocent, monsieur, il est innocent.

DELANNOYE.

Ce collier de perles, renfermé dans le tiroir avec le portefeuille, a été vendu par Francis Baudouin au bijoutier Samuel. Ce collier a été pris dans la nuit de l'assassinat.

MARIE, *à part.*

O mon Dieu! mon Dieu!

DELANNOYE.

Eh bien! Marie, n'avez-vous rien à dire?

MARIE.

Si, monsieur; je veux, je dois justifier mon père.

DELANNOYE.

Le justifier!

MARIE, *dont la tête s'égare.*

J'espérais que ma vie donnée serait une assez grande expiation; je vois qu'il faut plus encore, il faut l'aveu du crime. Eh bien! monsieur, cet aveu que j'aurais refusé à la torture, cet aveu, je le ferai. De grâce, monsieur, qu'on discontinue les poursuites dirigées déjà contre mon père, sans doute; étouffez dans votre ame l'intérêt que vous y conservez encore pour Marie, elle en est indigne; je vous ai trompé par de feintes protestations, par des sermens sacriléges, ne cherchez pas ailleurs la main qui a frappé le jeune Marcellin; cette main, c'est la mienne, monsieur, c'est la mienne.

DELANNOYE.

Quoi! c'est vous?

MARIE, *étouffée par ses sanglots.*

Moi! moi!

DELANNOYE.

Malheureuse!

MARIE, *tombant à genoux, à part.*

Est-ce assez, mon Dieu! est-ce assez?

DELANNOYE, *après un moment de silence.*

Mais ce collier, ce collier, ce n'est pas vous qui l'avez vendu à Samuel?

MARIE.

Non, monsieur, mais qui prouve qu'il n'a pas été pris dans le premier désordre? Samuel accuse mon père, parce que mon père est absent, parce qu'il ne peut se défendre.

DELANNOYE.

Mais la présence de Francis chez ma sœur, sous un nom supposé, comment l'expliquez-vous?

MARIE.

C'est pour moi, monsieur, pour moi seule qu'il est venu; il voulait me sauver.

DELANNOYE.

Pourquoi ne l'avez-vous pas suivi alors? pourquoi ne vous a-t-il pas accompagnée?

MARIE.

Pour être témoin de mon supplice... oh! monsieur! il a cédé à mes instances, il est parti.

DELANNOYE, *après un grand silence.*

Non, tout ce que vous me dites là est impossible.

MARIE.

Impossible!

DELANNOYE.

Plus vous vous accusez, Marie, et moins je vous crois coupable... hier, vous disiez vrai quand vous protestiez de votre innocence; vos accens partaient bien alors du fond de votre ame... J'ai appris à lire dans les cœurs, Marie, et je crois lire dans le vôtre : vous voulez vous perdre pour sauver un misérable que le malheur a fait votre père, mais moi qui vous ai devinée, je rejette l'aveu menteur que vous m'avez fait et que vous allez rétracter.

MARIE.

Non, monsieur.

DELANNOYE.

Malheureuse enfant! tu ne sais donc pas que cet aveu, joint aux preuves qui t'accablent déjà, rassurera la conscience de tes juges... ils te condamneront.

MARIE.

Je le sais.

DELANNOYE.

Ils te condamneront à une mort infamante, horrible!

MARIE.

Je le sais.

DELANNOYE.

Marie! Marie! ne persiste pas dans ta folle résolution, Dieu lui-même repousserait ton sacrifice, car il ne veut pas qu'un sang pur rachète un sang coupable. Marie, si tu savais ce que je souffre depuis que cette pensée m'est venue que tu te dévouais pour ton père... du premier jour où je t'ai vue je ne sais quelle secrète et douce sympathie m'attira vers toi, le malheur qui n'a cessé de te poursuivre n'a fait qu'accroître cet intérêt que tout-à-l'heure tu as vainement essayé d'éteindre. Quand toutes les voix t'accusent, une voix plus forte s'élève là qui te défend et te justifie. Marie, ne feras-tu rien pour le vieillard qui t'aime comme il aimerait son enfant? Marie, le mensonge aux hommes est une offense à Dieu... Marie, la vérité! au nom du ciel, la vérité!

Le Geôlier paraît.

SCÈNE VI.

LES MÊMES, ANDRÉ*.

LE GUICHETIER.

Monsieur le président!

DELANNOYE.

Que me voulez-vous?

LE GUICHETIER.

Monsieur, une femme est là dans votre cabinet, qui vous attend : elle vient de Rocmont et est employée par Mme Garin.

DELANNOYE.

Par ma sœur? quelque nouvel indice peut-être. (*Bas.*) Marie, je vous reverrai, je vous arracherai ce désaveu que je vous demande. (*Haut.*) André, ayez les plus grands égards pour cette jeune fille, je vous l'ordonne. (*À part.*) Mon Dieu! puisque vous m'avez mis au cœur la conviction de l'innocence de cette enfant, inspirez-moi donc, car à tout prix je veux la sauver.

Il sort.

SCÈNE VII.

ANDRÉ, *se tenant dans le fond*, MARIE.

MARIE, *dont l'exaltation ne soutient plus les forces, est tombée sur un banc de bois.*

Ce dernier effort a usé mon courage, je n'en aurais plus pour soutenir une autre lutte; ce que M. Delannoye a deviné, mes juges le devineront aussi, je perdrai celui que je dois, que je veux sauver... oui, il arriverait un moment où la force trahirait ma volonté. A cette foule dont les malédictions et les menaces m'épouvantaient, n'ai-je pas déjà crié : Ce n'est pas moi? au bourreau peut-être je crierais : C'est lui! Je ne verrai pas l'échafaud, je ne verrai pas mes juges... ma mort, ma mort volontaire viendra confirmer mes aveux; je mourrai; je disparaîtrai donc de ce monde sans qu'une larme me soit donnée, sans qu'une prière monte pour moi au trône de l'Éternel. Oh! non, si je ne puis pas dire mon secret aux hommes, je puis le dire à Dieu, je puis le déposer dans le sein d'un de ses ministres... une voix alors plaindra la pauvre Marie, une voix priera pour elle. (*Allant au geôlier.*) Mon ami, avant de paraître devant mes juges, je voudrais m'approcher du tribunal de la pénitence. L'aumônier de cette prison aura pitié d'une pauvre fille qui n'a plus d'espoir dans ce monde; il daignera peut-être m'entendre aujourd'hui, tout-à-l'heure.

ANDRÉ.

M. l'abbé Maurice loge dans le couvent, je vais l'avertir. Dans quelques instans, il peut être là.

Il montre le confessionnal.

MARIE.

Allez donc, mon ami, allez vite, je vous en prie.

André sort.

* Marie, Delannoye, André.

SCÈNE VIII.

MARIE, *regardant sortir le geôlier.*

M. Delannoye!... ô mon vénérable, mon seul ami!... vous aussi peut-être vous donnerez quelques pleurs à ma mémoire... qu'il m'en a coûté, pour ne pas tout vous avouer... mais vous auriez voulu me sauver, et vous l'auriez perdu, lui! Ah! quelque coupable que soit cet homme, il est mon père, et le ciel, en laissant peser sur moi toutes les apparences du crime, ne m'a-t-il pas lui-même dicté mon devoir?

ANDRÉ, *rentrant.*

M. l'abbé Maurice viendra.

Il remonte au fond.

MARIE.

Ah! il a consenti... plus de crainte, plus de mensonge, cette fois... mon horrible secret pourra s'échapper de mon sein... dans une heure, une dernière épreuve... une souffrance de quelques minutes. . puis le repos... le repos éternel.

ANDRÉ, *montrant à Marie le rideau du confessionnal qui s'agite.*

On vous attend... je vous laisse.

Il sort.

SCÈNE IX.

MARIE, DELANNOYE, *dans le confessionnal.*

MARIE *va s'agenouiller au confessionnal. Moment de silence.*

Le secret qu'on dépose dans votre sein est inviolable, je le sais, mon père, et je puis vous parler comme je parlerais à Dieu. Je vais mourir, mon père, mourir déshonorée, flétrie... et pourtant je suis innocente... (*Silence.*) Quand vous prierez pour moi, je ne veux pas que vous croyiez prier pour une criminelle : je vais donc tout vous dire! (*Mouvement dans le confessionnal suivi d'un long silence.*) Vous savez quel horrible meurtre fut commis à Rétheuil: un pauvre enfant fut lâchement assassiné. Au milieu de la nuit, les cris d'Etienne arrivent à moi; je me lève; un homme sort du pavillon où reposait l'enfant... dans son trouble, il fuit sans me reconnaître... mais je l'avais vu, moi.. inquiète, effrayée, je cours au pavillon... quel affreux spectacle!... l'enfant était à demi-renversé... un couteau était plongé dans sa poitrine! je l'en arrache; je veux sortir pour aller chercher du secours, mais la force m'abandonne, et quand je revins à moi, la famille de la victime m'accablait de malédictions; on avait trouvé à mes côtés le couteau sanglant encore. J'aurais pu dire alors ce que je vous dis aujourd'hui; mais il aurait fallu nommer le meurtrier! et vous allez comprendre que je dus garder le silence, car ce meurtrier c'était... oh! mon Dieu! hors de ce tribunal ma parole n'aura point d'écho; elle y descendra comme dans une tombe, et n'en sortira jamais, n'est-ce pas? ce meurtrier, c'était mon père. .

A ce moment la porte du confessionnal s'ouvre brusquement, et Delannoye en sort, pâle, haletant et presque en délire.

DELANOYE,

Ton père!... ah! je le savais bien, moi...

MARIE, *se relevant avec effroi.*

Ah ! vous n'êtes pas prêtre, monsieur?

DELANNOYE.

Non... mais Dieu me pardonnera d'avoir usurpé la place de son ministre, pour écarter le glaive prêt à frapper une tête innocente ; comme magistrat, je voulais, au prix de ma vie, de mon salut, connaître la vérité, et je la sais maintenant.

MARIE.

Vous oublierez les paroles qui ne sont arrivées jusqu'à vous qu'en traversant cette grille ... vous les oublierez, car abuser d'une semblable confidence... ce serait plus qu'un crime, ce serait un sacrilége.

DELANNOYE.

C'est parce que je ne suis pas prêtre, moi, que je puis révéler ce que j'ai entendu ; c'est parce que je ne suis pas prêtre, que je dirai à tous tes juges ce que j'ai fait ; je leur dirai ton dévouement sublime, ton admirable résignation !

MARIE.

Non, vous ne parlerez pas, monsieur, car je vous le jure, je ne survivrai pas à mon père... trahi ! dénoncé par son enfant... oh ! non, car alors je dirai que je vous avais reconnu... je dirai que j'étais folle...

DELANNOYE.

Marie... mon devoir est à présent de vous sauver, et je vous sauverai malgré vous. Si votre aveu vous justifie du crime de Rétheuil, ce billet trouvé à Roemont, dans la chambre de Francis, et que vient de m'envoyer ma sœur, ce billet écrit par vous à ce misérable prouve assez que vous n'avez voulu rester à Roemont, quelque danger qui vous y menaçât, que pour vous placer entre ma sœur et Francis, que pour épargner un crime de plus à cet homme... pour lequel vous avez déjà répandu trop de larmes, et pour lequel vous ne donnerez, je vous le jure, ni votre honneur ni votre sang !

SCÈNE X.

LES MÊMES, ANDRÉ, LE SECRÉTAIRE, MARIE, DELANNOYE.

ANDRÉ.

Monsieur le président, les cavaliers envoyés par vous à Roemont ont, à moitié route, rencontré des paysans qui amenaient ici Francis Beaudouin, à la poursuite duquel ils s'étaient mis par ordre de Mme Garin.

MARIE.

Vous l'entendez, monsieur, il est arrêté, perdu, si vous parlez... oh ! ne parlez pas, monsieur, ne parlez pas !

DELANNOYE, *au secrétaire.*

Conduisez cette jeune fille dans mon cabinet. (*Au geôlier.*) Faites monter ici Francis Beaudouin, et qu'on amène Samuel... allez.

Le Geôlier sort.

MARIE.

Oh ! monsieur, monsieur !...

DELANNOYE.

Marie, Dieu est juste!... obéissez.

On entraine Marie par la gauche

SCÈNE XI.

FRANCIS, *conduit par un officier de maréchaussée,* DELANNOYE, SAMUEL.

DELANNOYE.

Enfin!

FRANCIS, *entrant seul d'abord.*

Pourquoi m'arrête-t-on, monsieur? et de quoi suis-je accusé?

DELANNOYE, *lui montrant Samuel qui entre.*

Reconnaissez-vous cet homme et ce collier?

FRANCIS, *froidement.*

Qu'a pu dire cet homme et que prouve ce collier?

DELANNOYE.

Ce collier n'a pu être pris dans le secrétaire de Marcellin que par le meurtrier d'Étienne, et cet homme a déclaré avoir acheté de vous ce collier?

FRANCIS

Je nie avoir jamais possédé ce collier

DELANNOYE.

Récuserez-vous aussi la déclaration à moi faite par le témoin de votre crime? Marie vous accuse.

FRANCIS.

C'est impossible, monsieur

DELANNOYE.

Tu doutes de mes paroles, parce que tu connais trop bien ta victime; tu as compté, tu comptes encore sur le dévouement filial de cet ange; aux plus grands coupables la nature avait encore donné des entrailles de père, et toi, misérable, tu as pu sans frémir accepter le sublime sacrifice de cette enfant, tu l'aurais laissée monter à ta place sur un échafaud, toi, toi, son père!

SAMUEL

Monsieur le président, je ne sais si Francis est coupable; mais je dois à la vérité de déclarer que Marie est une étrangère pour lui.

DELANNOYE.

Que dites-vous?

FRANCIS

Samuel!

SAMUEL

Pourquoi me tairais-je? Quel intérêt pouvez-vous avoir maintenant à la laisser croire votre fille?

DELANNOYE.

Cet homme n'est pas le père de Marie?

SAMUEL.

Non, monsieur.

DELANNOYE.

Pouvez-vous le prouver ?

SAMUEL.

Sans doute !

DELANNOYE, *au geôlier*.

Qu'on amène Marie à l'instant.

Le Geôlier sort.

FRANCIS.

O Samuel ! Samuel !

SAMUEL, *bas*.

Je ne comprends pas.

DELANNOYE.

Voyons, parlez. D'où savez-vous... Oh ! n'hésitez pas, maintenant je saurais vous contraindre.

SAMUEL.

C'est inutile, monsieur le président ; il y aura quinze ans à la Notre-Dame d'août, j'habitais Troyes alors, cet homme entra dans ma boutique, il tenait par la main une petite fille de trois ans à peine, il me déclara l'avoir rencontrée sur la route, elle était perdue, il en avait eu pitié et l'avait prise ainsi qu'une magnifique chaîne d'or que la mère de l'enfant sans doute, lui avait jetée au cou en jouant avec elle.

DELANNOYE.

O mon Dieu !

SAMUEL.

L'enfant parlait à peine, impossible de savoir d'elle le nom et la demeure de ses parens. J'achetai la chaîne, et Francis garda l'enfant ; René était chez moi ce jour-là, et il l'attestera...

DELANNOYE.

Par pitié, par grâce ! achevez, achevez la révélation de cet homme. A quel endroit avez-vous trouvé cet enfant ?

FRANCIS.

Vous prenez à cela un bien vif intérêt, monsieur.

DELANNOYE.

Oh ! mais, répondez-moi donc !

FRANCIS.

Ce fut aux environs de Rétheuil.

DELANNOYE

De Rétheuil ! il y a quinze ans, et elle portait au cou une chaîne d'or ! (*A Samuel.*) Vous et René vous l'attesterez ?

SAMUEL

Sans doute.

DELANNOYE

Oh ! oh ! mon cœur, ne te brise pas de joie.

SCÈNE XII.

LES MÊMES, MARIE.*

MARIE.

Mon père! mon père!

Elle veut courir à Francis, Delannoye l'arrête.

DELANNOYE, *s'élançant entre Marie et Francis.*

Arrête!... arrête, Marie... (*En s'avançant.*) Cet homme n'est pas ton père

MARIE.

Qu'entends-je!

DELANNOYE.

Il avait usurpé ce titre sacré... il n'est pas ton père, te dis-je... j'en ai les preuves... lui-même vient de l'avouer.

MARIE, *tombant à genoux.*

Oh!... ô mon Dieu! je vous remercie, je ne suis pas la fille d'un assassin.

DELANNOYE, *la relevant.*

Non, ton père est un homme de bien... ton père est digne de tout ton amour.

MARIE.

Mon père... il existe... vous le connaissez...

DELANNOYE.

Oui... il existe... il t'a pleuré quinze ans, car il t'a crue morte, ton pauvre père... et maintenant il pleure... il pleure encore, mais c'est de joie... c'est de bonheur...

MARIE, *regarde Delannoye qui lui tend les bras hésite un moment; puis s'y élance en criant.*

Mon père!... oh!... vous ne rougirez pas de votre fille... vous savez qu'elle est innocente.

DELANNOYE.

Oui... mais il faut que cette innocence éclate au grand jour, il faut que devant tous tu puisses lever la tête... je te justifierai... je... (*S'arrêtant tout-à-coup comme frappé d'une pensée subite.*) Mon Dieu! si on allait douter de moi... on dira peut-être... Il veut sauver sa fille... oui. je suis ton père, mon témoignage à présent ne peut plus suffire... il en faut un autre...

FRANCIS, *froidement.*

Le mien!

MARIE, *avec effroi.*

Le sien!

* Francis, Delannoye, Marie.

DELANNOYE.

Il a raison... lui, lui seul... (*Allant à Francis et à mi-voix.*) Dans ma surprise, dans ma joie, je n'ai songé qu'au bonheur de retrouver mon enfant. Je l'ai crue sauvée dès qu'elle était dans mes bras; maintenant je vois que l'abîme est encore ouvert sous ses pas... Tout prouve que vous êtes le meurtrier d'Étienne, vous pourriez, en la laissant croire votre complice, l'entraîner dans votre perte... Francis... je suis la loi vivante, moi seul, je ne puis vous dire : Je fais grâce... mais vous savez, vous, si elle est pure... vous savez si cette ange mérite de mourir de la mort des infâmes... Oh! rendez-la-moi... et si vous avez au monde une mère, une sœur, un enfant, toute ma fortune leur appartient. S'il vous faut le triomphe de voir le juge aux genoux du coupable.... eh bien! je suis père.... et je tombe à vos pieds... Francis, ce crime inutile ne vous sauvera pas, et il me tuera, moi. Francis, rends-moi, rends-moi ma fille...

Moment de silence.

FRANCIS, *froidement.*

Sans elle ou avec elle... l'échafaud, toujours... (*relevant le président*) j'y monterai seul, monsieur...

DELANNOYE, *courant à sa fille.*

O mon enfant... mon enfant!...

FRANCIS, *avec un soupir.*

Voilà la seule bonne action que j'aie faite... qui m'en tiendra compte?... le bourreau...

MARIE, *levant la main au ciel.*

Dieu!

DELANNOYE, *embrassant sa fille.*

Et moi peut-être...

TABLEAU.

FIN.

PARIS. — IMPRIMERIE DE Vᵉ DONDEY-DUPRÉ,
rue Saint-Louis, nº 46, au Marais.

www.ingramcontent.com/pod-product-compliance
Ingram Content Group UK Ltd.
Pitfield, Milton Keynes, MK11 3LW, UK
UKHW020957180726
13838UKWH00003B/1368

9 782329 470641